序章　徳川家康の生涯

能楽堂としかみ像（岡崎市）

三河国松平家と松平益親

徳川家康は、天文十一年(一五四二)十二月二十六日、三河国岡崎城にて誕生した。織田信長は天文三年(一五三四)の生まれで家康より八歳年上。豊臣秀吉は天文六年(一五三七)の生まれで五歳年上となる。松平氏の先祖は、十五世紀前半から活躍が見える三河国加茂郡松平郷《まつだいらごう》(愛知県豊田市)の地侍であったと見られている。徐々に勢力を伸ばし、三河国内には「十八松平」と言って、十八家に分かれたとされる松平家、それぞれ領地をもって分立する状況となる。徳川家康(家康の初名は松平元信・松平元康であるが、本書では徳川家康で統一する)は、その松平家の一つ安城《あんじょう》松平家の流れであった。この松平家の祖先として知られるのが、近江国浅井郡菅浦・大浦の代官であった松平益親《ますちか》である。安城松平氏の家祖は、家康より五代前の親忠《ちかただ》と言われるが、その父・信光の弟が益親である。従って、親忠

徳川家康の産湯井(岡崎市)

家康の祖先の一人が代官を務めた菅浦(滋賀県長浜市)
(辻村耕司撮影)

にとって益親は叔父に当たる。

菅浦（長浜市西浅井町菅浦）は国宝「菅浦文書」が伝来した村落で、現在も国の「重要文化的景観」に選定され、中世の惣村の姿がよく残る村落として著名だが、室町時代中期には日野富子《ひのとみこ》の家である日野家が領主であった。その代官を務めたのが、三河国からやって来た松平家（徳川家）の祖先の一人益親であった。寛正《かんしょう》二年（一四六一）十月十三日、隣村大浦との裁判に負けた菅浦を、周辺の国衆《くにしゅう》や村人、それに三河国からの援軍を引き連れた益親が、菅浦を包囲し亡所《ぼうしょ》にしようとした記録が「菅浦文書」に残っている。結局、菅浦の乙名（村の代表者）が代官益親の許《もと》へ出頭し、何とかこの時の合戦は回避された。その後も、この益親は大浦庄の支配について、寛正四年（一四六三）から五年（一五六四）にかけて、村人と対立し訴訟沙汰になっていることが「菅浦文書」に見えている。

人質時代の家康

さて、安城松平氏の動向だが、天文四年（一五三五）十二月五日には「守山崩《くず》れ」と言われる事件が起こり、当主清康（家康の祖父）が尾張国守山（愛知県名古屋市守山区）で家臣に殺害され、その嫡男であった広忠（家康の父）が三河国を追われることになる。天文六年（一五三七）には広忠は岡崎城へ復帰を果すが、尾張国織田氏と遠江国まで

徳川家（松平家）の菩提寺である岡崎大樹寺

勢力を伸ばす駿河国の今川氏に挟まれ、単独では政権が保てない不安定な領国経営を迫られていた。この状況下で、天文十一年（一五四二）に誕生した家康は、天文十六年（一五四七）に、六歳にして尾張国織田信秀（信長の父）の許《もと》へ送られ人質となる。当時の松平領国は、信秀によって征服され、その支配下にあったからである。しかし、翌年三月十九日の小豆《あずき》坂《ざか》（愛知県岡崎市）の合戦において、今川義元の軍勢が織田信秀の軍勢に勝利し、三河国が今川領国となっていく。

桶狭間古戦場公園(名古屋市緑区)

その結果、天文十八年（一五四九）家康八歳の時には、織田氏との人質交換がなり、家康は今川氏の本拠である駿府（静岡県静岡市）へ人質として向かうことになる。駿府での十年余りの人質生活の後、永禄三年（一五六〇）十九歳の時に、織田信長が今川義元を討ち取った桶狭間《おけはざま》合戦があった。今川家の三河国支配が緩《ゆる》んだ所で、家康は同合戦への出陣から駿府に戻ることなく、三河国岡崎に戻り一大名として復帰することになる。

桶狭間古戦場伝説地(豊明市) の石碑

今川氏滅亡と浅井朝倉攻め

永禄四年（一五六一）二十歳の時に、長年敵対して来た織田家の当主信長と、「清洲同盟」と呼ばれる軍事同盟を結ぶことになる。その後も、永禄六年（一五六三）二十二歳の時に、三河一向一揆が勃発《ぼっぱつ》したように、家康の領国経営は苦難の連続であった。この三河一向一揆とは翌年まで戦うことになる。永禄十二年（一五六九）二十八歳の時に、駿河国今川義元の子・氏真《うじざね》は甲斐国の武田信玄によって駿府から追われ、遠江国の懸川《かけがわ》城（静岡県掛川市）に入るが、徳川家康はこれを攻囲する。五月十五日、今川氏真は懸川城を開城して去り、相模国の北条氏を頼ることになる、ここに駿河国の戦国大名今川家は滅亡し、遠江国が徳川家の領国となった。

岡崎大樹寺にある「松平八代墓所」

元亀元年（一五七〇）二十九歳の年、将軍義昭を奉じて京都へ上った織田信長と共に、上洛命令に従わない越前国の戦国大名朝倉義景を討つため、四月二十五日に京都を経由して、越前国の入口敦賀まで出陣した。敦賀では手筒山《てづつやま》城攻撃に当たって、その南大手口攻めを担当し、大いに活躍したと言われている。しかし、北近江の浅井《あざい》氏の離反を四月二十七日に知った信長は、朝倉氏と浅井氏によって挟撃されることを恐れ、若狭経由で朽木谷から京へ逃避する。家康は殿《しんがり》の秀吉と共に退却したという。この逃避行は、

足利義晴のために造られた朽木谷の旧秀隣寺庭園(辻村耕司撮影)

浅井・朝倉の正規軍によって挟み撃ちになる可能性があったもので、後の「神君伊賀越え」より、はるかに危機迫るものがあったと思われるが、その逃避ルートは、まったく伝わっていない。

北近江は浅井領国なので、家康は信長と同じく若狭から朽木谷を通って京都に帰ったと見るべきだろう。直後の六月には、信長と共に姉川合戦に出陣する。二十四日には近江国に入り、辰ヶ鼻《たつがはな》の陣所へ到着、合戦当日は岡山（勝山）に陣所を移し、織田軍が浅井軍と戦ったのに対し、特に朝倉軍と交戦した。その後、九月には本拠を岡崎城から遠江浜松城に移している。以降、織田信長が一向一揆や本願寺、比叡山、それに浅井朝倉氏攻めと敵対する「元亀争乱」が展開するが、家康も甲斐国武田氏の侵攻を抑えるための「清洲同盟」の絡みもあり、この戦乱に巻き込まれていく。

長篠・設楽ヶ原合戦から信康事件

元亀三年（一五七二）十二月二十二日、三十一歳の家康は、西上を狙っていた武田信玄と遠江国三方ヶ原《みかたがはら》（静岡県浜松市）で戦い敗退する。しかし、その後信玄が発病し、甲斐国へ帰る途中の四月十二日に死去したことから、家康は対武田戦を本格化することになる。その一環である長篠・設楽ヶ原《したらがはら》合戦は、天正三年(一五七五)五月二十一日、家康三十四歳の時のことである。徳川方の奥平貞昌が守る長篠城を、信玄の継嗣勝頼が包囲したのに対し、徳川・織田軍が武田氏の攻城軍を後方から攻めるため布陣し、両軍が長篠城南の設楽ヶ原で激突した。徳川・織田軍は圧倒的な火器(火縄銃)の差をもって、この合戦に勝利したと考えられている。

天正七年(一五七九)の家康三十八歳の時、家康が嫡男の松平信康《まつだいらのぶやす》と、その正室築山殿《つきやまどの》を殺害するという事件が起きる。その背景には、相模国北条氏と接近し、武田氏との戦闘を続行しようとする浜松城の家康周辺と、武田氏との戦闘を見直そうとする岡崎城の信康周辺とが、政権内で確執していた状況がある。家康と不仲のため岡崎城に残っていた築山殿を、家康は八月に殺害、さらに信康を九月に遠江国二俣城《ふたまたじょう》(静岡県浜松市)へ追いやり、その地で自害させた。

この事件については、これまで信康の妻・五徳がその父信長へ、夫の行状を密告したことが発端とされてきた。織田信長の関与も取り沙汰されて来たが、実際は徳川家内部の対武田戦略をめぐる分裂を、家康自身の手で解決したものと解されるようになっている。

岡崎城遠景(岡崎市提供)

本能寺の変から関東移封

天正十年（一五八二）二月には、織田信長が甲斐国武田攻めを行ない、武田勝頼を自刃に追い込んでいる。その結果、家康は駿河国を領国に加えることになる。ところが同年六月二日、家康四十一歳の時、京都本能寺で織田信長が殺害される。この日、徳川家康は堺にいたが、信長を討った明智軍の信長与党へ対する攻撃が予想され、家康は畿内近国から脱出する必要に迫られた。いわゆる「神君伊賀越え」である。家康は見事に、近江・伊賀の山道を行き伊勢湾を船で渡り岡崎へ帰着することに成功している。金ヶ崎についで二回目の逃避行であった。

天正十二年（一五八四）の四十三歳の時、小牧・長久手合戦となり三月から秀吉と対戦することになる。織田信長の三男・信雄《のぶかつ》と共に戦った家康だが、長久手の戦いでは秀吉に勝利するものの、小牧と犬山で対峙《たいじ》した両軍は雌雄を決することもなく、十一月に至り信雄が勝手に秀吉と和睦してしまい、政治的には従属を迫る秀吉に追い込まれていく。天正十四年（一五八六）の四十五歳となって、秀吉妹の旭姫《あさひめ》を正室として迎え、大政所を人質として取ることで、ようやく大坂城へ赴き秀吉に面会し臣従を誓う。これにより、家康は独立した大名ではなく、豊臣政権を支える重臣という立場になる。この年十二月には、本拠を遠江浜松城から駿河駿府城へ移している。

伊賀側からの桜峠

　天正十五年（一五八九）三月には、前々年には離反の動きを見せていた信濃国の国衆《くにしゅう》・真田昌幸が駿府に出頭し、徳川家の寄子《よりこ》の立場を確認、事実上従臣させることに成功する。

　天正十八年（一五九〇）の四十九歳の時、秀吉の小田原北条氏攻めに参陣する。北条氏の協調を目指していた家康としては、この小田原攻めも秀吉のペースに乗せられた形であろう。さらに、秀吉によって北条氏が不在となった関東への移封《いほう》を命じられる。関東では、江戸を本拠とすることになり、首都東京の発展の歴史が始まることになる。

朝鮮出兵から秀吉の死

文禄元年(一五九二)の五十一歳で、秀吉の朝鮮出兵にともない、肥前名護屋城《なごやじょう》へ赴いているが、家康自身が朝鮮に渡ることはなかった。文禄三年(一五九四)の五十三歳の時、秀吉が建造していた伏見城の普請を務める。これ以降、家康は京都や伏見に滞在することが多くなり、豊臣政権の一員として畿内で活動する。

文禄四年(一五九五)の家康五十四歳の時、秀吉の甥でその継嗣として関白になった豊臣秀次が、秀吉の命により高野山で自害に追い込まれる事件が起きた。事件後、家康をはじめ豊臣家の家臣たちは、秀頼への忠誠を誓う起請文を提出している。秀次の自害は七月だが、その直後の九月には、家康の嫡男(三男)秀忠と江《ごう》(浅井長政三女)の婚姻《こんいん》が成立する。江は秀吉の養女として徳川家へ入ったので、これは豊臣家と徳

増上寺の徳川家墓所内にある将軍秀忠・江(夫妻) の墓(東京芝増上寺)

川家のより強固な結び付きを意図したものであった。

慶長三年(一五九八)の五十七歳の年、豊臣秀吉が六十二歳で死去する。政権は五大老と五奉行の集団指導体制に移行するが、五大老の一人家康と、五奉行の一人石田三成との対立は、抜きさしならぬものになっていく。翌年には、家康・三成、両者とも敵対者からの殺害計画が露見し、三成は佐和山城へ引退することになる。しかし、慶長五年(一六〇〇)六月から始まった家康の上杉景勝《かげかつ》攻めにより、多くの軍勢が会津に向けて進発したのを機に、石田三成ら豊臣政権の奉行たちは、徳川家康追討の狼煙《のろし》を上げる。とって帰した家康の東軍と、大垣城を拠点とした石田三成の西軍は、同年九月十五日、美濃国不破郡関ヶ原で正面衝突の合戦となり、家康の東軍が大勝した。家康五十九歳の時である。

豊臣家滅亡から徳川家安泰へ

しかし、この合戦は豊臣政権を支えた武将同士の戦いで、徳川と豊臣との戦いにはならなかった。徳川家の正規軍は、秀忠に率いられ信濃国上田城の真田氏攻めに手間取り、関ヶ原本戦に間に合わなかった。この戦場にいた家康家臣は、家康の四男松平忠吉、井伊直政、それに本多忠勝に過ぎず、東軍の主体は福島正則や黒田長政、それに田中吉政など豊臣恩顧の大名ばかりであった。その結果、全国が一気に徳川家の世になることはなく、家康の安定した徳川政権樹立の思いは、十五年後の大坂の陣まで持ち越されることになる。

慶長八年(一六〇三)二月、家康は伏見城へ勅使を迎え征夷大将軍に任官した。江戸幕府の開幕である。慶長十六年(一六一一)の七十歳の時、豊臣秀頼と二条城で始めて会見、その成長ぶりに家康は驚き、政権持続への不安を感じたとされる。

慶長十九年(一六一四)の七十三歳になり、京都方広寺の鐘銘に「国家安康、君臣豊楽」の文字に、「家康」を二つに割《さ》き、豊臣家が繁栄する意味があると問題化し、大坂冬の陣を起こし大坂城を攻撃する。真田信繁《のぶしげ》(幸村)らの活躍により、落城まで追い込めなかったが、講和の後に大坂城の堀を埋めることに成功、翌年七十四歳の時、大坂夏の陣を起こし豊臣家を滅亡に追い込んだ。豊臣家の滅亡により、徳川政権の存続を見て安心したのか、家康は翌年の元和二年(一六一六)四月十七日、駿河国駿府城で死去した。享年七十五であった。

大阪冬の陣の引き金となった方広寺の釣り鐘

徳川将軍家の菩提寺の一つ東京芝増上寺

1章 越前敦賀攻めから姉川合戦へ

元亀年間（一五七〇～七三）に入ると、徳川家康は織田信長との同盟関係の都合、さらに以前から将軍職についた毛利義昭とも関係が深かったので、その命を受けた織田信長の京都周辺の軍事行動に行動を共にすることになる。四月に入ると、若狭国の反将軍義昭勢力の武藤氏を討つため若狭へ侵攻し、さらにそれを支援する越前国朝倉氏攻めに従軍する。通常は信長の単独行動のように言われるが、いずれも義昭の命に従ったものであることが最近分かってきた。

越前敦賀攻め

信長《のぶなが》は四月二十日に京都《きょうと》を立ち、二十二日には若狭国へ入り同国の勢力を一掃すると、二十五日には越前国敦賀へ入り、朝倉方の手筒《てづつ》山《やま》城を攻撃し落城させた。家康も行動を共にしたと見ていい。手筒山攻城戦では徳川家康が南大手口から軍を突入させたことが知られている。この時、織田信長の陣は日蓮宗寺院である妙顕寺（敦賀市元町）にあったとされる。朝倉景恒が籠る金ケ﨑も降参、南方の疋田《ひきだじょう》城（敦賀市疋田）も開城、木《き》の芽《め》峠を越えて越前国嶺北《れいほく》地方へ攻め入ろうとした所、浅井長政の離反の報が届いた。

二十七日、織田信長は木下秀吉・明智光秀・池田勝正を殿《しんがり》に残し、朽木谷を通って京都へ帰還したが、家康は信長の退却を知らず、秀吉らと共に敦賀に置き去りにされたようになった。

家康がこの時、如何にして兵を撤収し、本国の三河に帰ったかは謎に包まれている。

織田信長が本陣をおいた敦賀市妙顕寺

明治11年8月12日建立の「金崎城阯碑」 滋賀県令 籠手田安定の撰文

疋田の定広院(辻村耕司撮影)

家康が戦勝を祈願した春照宿の八幡宮

姉川合戦へ

織田信長は京都から本拠岐阜に戻ると、浅井・朝倉氏を攻撃するため、同年六月十九日に美濃国から近江国に攻め入った。国境の城である長《たけ》比《くらべ》城（米原市長久寺など）や苅安《かりやす》城（米原市上平寺）は調略により、簡単に織田方に降した。これには、秀吉の家臣となっていた竹中半兵衛重治の尽力があったと伝えられる。信長軍は二十一日には浅井氏の本城である小谷城（長浜市湖北町伊部など）の城下まで攻め込んだ。信長自身も小谷城の前面の虎御《とらご》前山《ぜんやま》に登り指揮をとった。

翌日には出撃した浅井軍と虎御前山で戦闘の後、織田軍は一時後退するが、二十四日には浅井氏が籠もる小谷城の支城・横山を包囲し、ここで三河国から態勢を整えて出陣してきた徳川家康と合流、両者とも龍ケ《たつが》鼻《はな》（長浜市東上坂町）に本陣を置いた。なお、徳川家康は当地に至る

家康・信長の本陣だった龍ケ鼻

まで、美濃国から北国脇往還を通り、途中の春照宿（米原市春照）の八幡宮で、戦勝祈願を行なったという伝承がある。また、龍ヶ鼻からは家康・信長の本陣で使われたと推定される瓦製《がせい》の風呂《ふろ》（茶道用）が出土している他、古墳の頂部を削平した陣跡が確認されている。

　同時に、横山城を救援するため、姉川から北へ約四キロの大依山《おおよりやま》・岩崎山《いわさきやま》まで浅井・朝倉軍が出陣した。この大依山・岩崎山も、堀切《ほりきり》や削平地《さくへいち》など、陣所跡であったわずかな痕跡を残している。浅井・朝倉軍は織田・徳川軍に対し、一時小谷城へ退却すると見せかけて、二十八日未明に姉川まで闇にまぎれて前進、これに慌てた織田信長と徳川家康は龍ヶ鼻から山を降り、姉川北方に下り、迫った敵に備える陣形を組んだ。合戦の火蓋が切られた時刻は、午前六時とも午前十時ともいい、諸書によって一定しない。

姉川古戦場跡に建つ記念碑

※18～21ページの写真はすべて辻村耕司撮影

両軍の布陣

織田信長や徳川家康は合戦当日、先述したように、四日前から陣を置いていた横山丘陵先端の龍ヶ鼻から、本陣を姉川河畔に移した。信長の本陣跡は「陣杭《じんご》の柳」と呼ばれ、長浜市東上坂町に所在する。現在は五代目に当たる小ぶりの柳が存在する。また、そこから約三百メート

信長の本陣跡「陣杭の柳」

浅井の武将遠藤直経の墓

江戸時代になって「勝山」と呼ばれるようになった家康の本陣

ル南に、信長の首を狙って敵陣深く分け入り、竹中重治の弟・重矩《しげのり》によって討ち取られた浅井方の武将・遠藤直経の墓がある。この墓の位置からすると、信長の本陣が一時的に後退したことを意味し、浅井軍が一時優勢だったことを示していよう。

徳川家康の本陣跡は、「陣杭《じんご》の柳」から約八百メートル北西へ行った「岡山」と呼ばれる小丘で、家康がこの岡に陣をおいて勝利したことから、江戸時代には「勝山《かつやま》」と呼ばれるようになった。江戸時代に幕府が製作を命じた近江国絵図には、名所として必ず「勝山」が描かれており、家康信仰の浸透が読み取れる。

一方、浅井長政は浅井郡野村（長浜市野村町）に本陣を置き、朝倉軍の主将・朝倉景健《かげたけ》は三田村（同三田町）の集落内に本陣を据えたと考えられている。野村町集落の東北には浅井長政の本陣があったと言う「陣田《じんでん》」と呼ばれ場所や、多くの戦死者の血で染まったという「血川」の痕跡が、道路下のトンネルとして残る。「血川」は昭和六十年の圃場整備によって流路を失った。

三田町には朝倉景健《かげたけ》が本陣にしたと推定される三田村氏館や、合戦によって多くの戦死者が出たと伝承される「血原《ちはら》」跡に、平成十九年に設けられた「ちはら公園」がある。この周辺では、朝倉方の武将・真柄十郎左衛門《まがらじゅうろうざえもん》が五尺三寸の大太刀をふるって徳川勢を苦しめたと伝えるが、実際は「血原」の北方、虎御前山の麓での出来事であった可能性が高い。この「血原」から三田村集落にかけては、土地の高まりがあり「千人斬《き》りの岡」と通称され、徳川軍に攻められた朝倉軍の戦死者が多く出た場所との言い伝えが残る。

姉川古戦場空撮(武将名の場所が各本陣跡)

合戦の通説と信長書状

　姉川の戦いの経緯を通説に従い述べておこう。六月二十八日未明に徳川軍と朝倉軍との間で合戦が始まり、最初朝倉軍が優勢であったが、家康の家臣である榊原康政《さかきばらやすまさ》らが側面から朝倉軍を突き、形勢は逆転した。一方、織田軍と浅井軍の間でも戦闘が開始され、浅井氏の重臣である磯野《いその》員昌《かずまさ》が信長の陣深くまで攻め入り、敵を混乱に落とし入れた。しかし、横山城の監視に当たっていた西美濃三人衆が、側面から攻撃を始めたことで浅井軍も不利となり、浅井・朝倉軍は北方への退却を余儀なくされた。このように、姉川合戦は織田・徳川軍の大勝利に終わったとするのが一般的な説明だろう。

　しかし、合戦に関する信憑性《しんぴょうせい》がある文書や記録を読むと、浅井・朝倉軍の大敗とは言えない状況が見えてくる。まず、織田信長が合戦当日

姉川合戦図屏風　徳川家康本陣(福井県立歴史博物館蔵)

の六月二十八日に将軍足利義昭の家臣・細川藤《ふじ》孝《たか》に宛てた書状（津田文書）は、当日の戦況を信長自身が語るが、「今度の合戦で岡崎家康が出陣して来たが、信長の「手廻《てまわり》の者共《ものども》」と誰が先陣を担当するかで議論になり、結局朝倉軍に向かう先陣は家康の担当となった。信長は池田恒《つね》興《まさ》・丹羽長秀を援軍として徳川軍に与えた。これ対し、浅井軍には信長の「手廻の者」で戦うことになった」と記している。信長には木下秀吉・柴田勝家・佐久間信盛以下、多くの家臣がいて各自一隊を形成していたと推定できるが、それらの部隊の行動は本書にはまったく出てこない。

この文書が素直に語っているように、姉川合戦の開戦当初は、浅井軍の織田軍への攻撃が急で、横山包囲の織田軍の主力（木下以下の軍）が、姉川南岸まで回り込む時間がなく、信長と家康は自らが最前線に立って戦わざるを得ない状況に追い込まれたと考えられる。信長の「手廻の者共」＝馬廻《うままわ》りと家康が、先陣争いをしたと言えば体《てい》がいいが、それは両者が浅井・朝倉軍の「奇襲」を受けて、大将自らが戦うことになった実態を、この書状はさりげなく記していると考える。

血原の地名が残る姉川古戦場跡の碑

郵 便 は が き

お手数ながら切手をお貼り下さい

5 2 2-0 0 0 4

滋賀県彦根市鳥居本町655-1

サンライズ出版 行

〒

■ご住所

■お名前《ふりがな》　　■年齢　　歳　男・女

■お電話　　■ご職業

■自費出版資料を　　希望する ・ 希望しない

■図書目録の送付を　　希望する ・ 希望しない

サンライズ出版では、お客様のご了解を得た上で、ご記入いただいた個人情報を、今後の出版企画の参考にさせていただくとともに、愛読者名簿に登録させていただいております。名簿は、当社の刊行物、企画、催しなどのご案内のために利用し、その他の目的では一切利用いたしません（上記業務の一部を外部に委託する場合があります）。

【個人情報の取り扱いおよび開示等に関するお問い合わせ先】
サンライズ出版 編集部　TEL.0749-22-0627

■愛読者名簿に登録してよろしいですか。　□はい　□いいえ

ご記入がないものは「いいえ」として扱わせていただきます。

愛読者カード

ご購読ありがとうございました。今後の出版企画の参考にさせていただきますので、ぜひご意見をお聞かせください。なお、お答えいただきましたデータは出版企画の資料以外には使用いたしません。

●書名

●お買い求めの書店名（所在地）

●本書をお求めになった動機に○印をお付けください。

1．書店でみて　2．広告をみて（新聞・雑誌名　　　　　　　　　　）

3．書評をみて（新聞・雑誌名　　　　　　　　　　）

4．新刊案内をみて　5．当社ホームページをみて

6．その他（　　　　　　　　　　）

●本書についてのご意見・ご感想

購入申込書　小社へ直接ご注文の際ご利用ください。お買上 2,000 円以上は送料無料です。

書名	（　　　冊）
書名	（　　　冊）
書名	（　　　冊）

『信長公記』と合戦の真相

信長の年代記として著名な『信長公記《しんちょうこうき》』では、二十四日から大依山に布陣していた浅井・朝倉軍が、前日には一旦退却すると見えたが、二十八日未明に突然三十町（約三・二キロ余り）ばかり前進して姉川北岸に陣を布《し》いたとある。同書は姉川合戦の開戦直後、浅井軍が信長本陣めがけて殺到したと記しており、この合戦で信長が馬廻りのみで戦わなければならなかった状況を記している。織田軍の横山包囲の諸将は、浅井軍の突撃の情報を得て、信長本陣がある姉川南岸に回り込む行動に出たと考えられるが、それより早く浅井軍が南下して信長の裸同然の本陣に突っ込み、信長馬廻りが応戦した状況が記されており、これは先の細川藤孝宛の信長書状の記述と一致する。

つまり、姉川合戦の実像は、両軍の全面衝突を想定する通説とはまったく相違し、浅井長政が横山城包囲網の最後尾（最北端）にいた織田信長本陣に「奇襲」をしかけた戦いと考えられる。信長や家康は横山を包囲するに当たり、浅井氏の居城小谷や、浅井・朝倉軍が横山救援のために陣を置いた大依山に最も近い、龍ヶ鼻に陣を布いていた。これは、龍ヶ鼻が横山城と小谷城の状況を一望するために、最適の場所と判断したからと見られる。信長・家康としては、大依山との距離も約四キロあり、万が一「奇襲」を受けても対処できる安全圏と考えていたのであろう。

浅井軍が織田軍に突進した頃、徳川軍は家康本陣を「岡山」において、本隊は姉川を渡り姉川北岸の「千人斬りの岡」や「血原」付近で朝倉軍と交戦していたと見られる。家康の家臣たちが残した由緒書などを調べると、当地での合戦は朝倉軍が早々に退却し、それを徳川軍が追撃する形であったと考えられる。徳川軍の本陣周辺は、美田《びでん》が広がり人馬の足が取られて合戦が行なえる状態でなかった。徳川軍が攻め込んだ対岸は、姉川の氾濫原《はんらんげん》で大きな河原が広がり合戦には格好な地形だった。

しかし、家康を祖とする徳川将軍家が統治する江戸時代に、徳川軍の活躍を過大に評価する逸話が生まれ、朝倉軍との全面的な交戦があったように伝え、さらに徳川軍の援助によって、形勢が悪かった織田軍も浅井軍に大勝利したというストーリーが、軍記物などで創出された。

そもそも、姉川合戦後、浅井・朝倉氏の滅亡まで四年の時間がかかり、その過程で織田軍と浅井・朝倉軍の戦いが「志賀《しが》の陣」や「箕浦《みのうら》合戦」をはじめ数度にわたって展開したことを考えれば、姉川合戦の結果は浅井・朝倉軍の致命的な敗退ではなかったと理解すべきである。この合戦を終えても、浅井・朝倉軍には余力はあったのである。

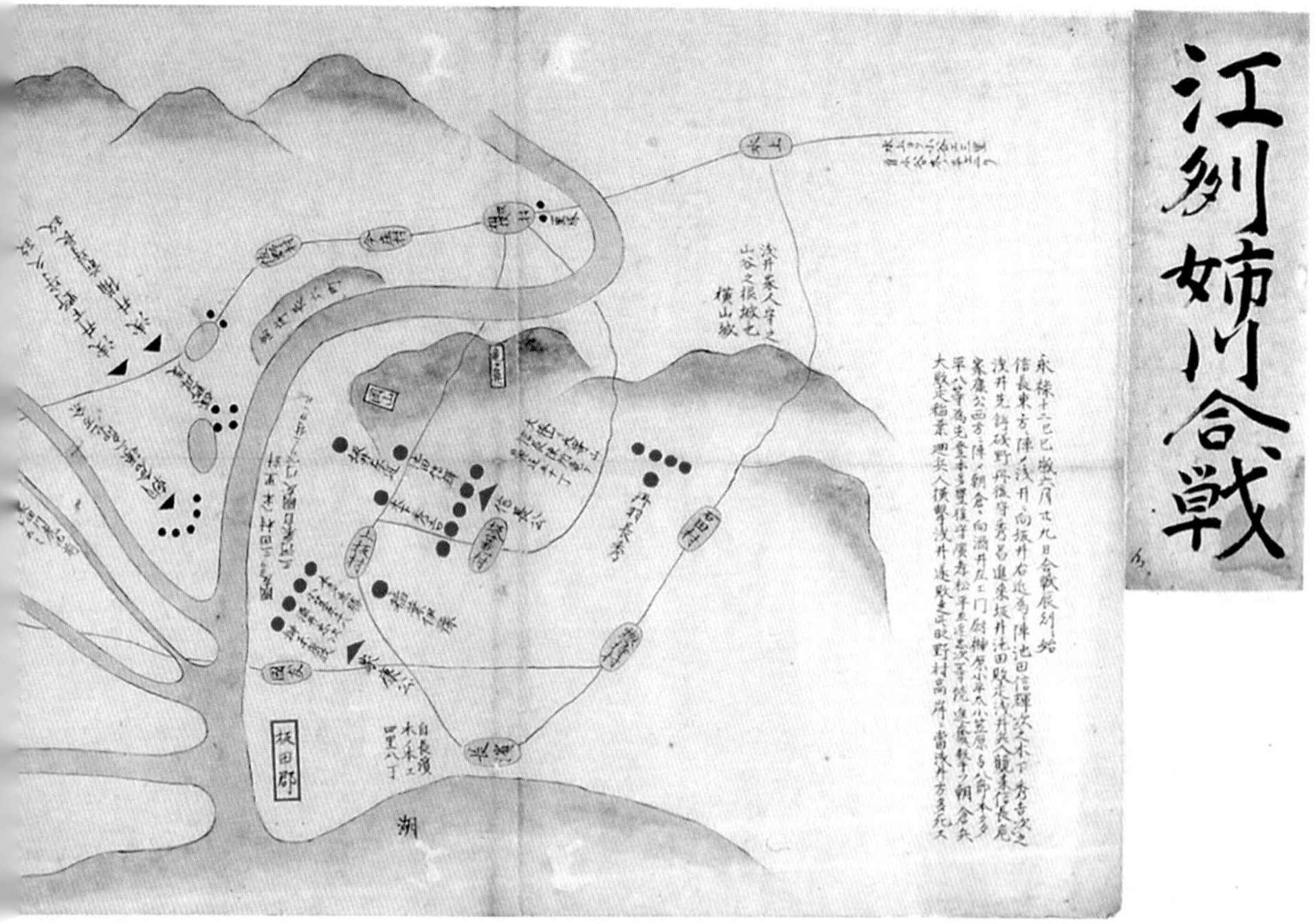

江州姉川合戦図(長浜市長浜城歴史博物館蔵)

軍記物が描く姉川合戦

次に、参考までに姉川合戦における徳川軍について、江戸時代に成立した軍記物の記述を紹介しておこう。まず、徳川氏創業の事績をまとめたとされる、阿部定次《あべさだつぐ》著『松平記』（成立年代未詳）である。合戦の前日に当たる二十七日の夜に評定があり、朝倉軍に対しては一番備《ぞなえ》が柴田勝家・明智光秀、二番備は家康、三番備は稲葉一鉄《いってつ》と決められたが、これを家康が聞き、一番備でないと戦わないと主張した。これを受けて信長は、家康を一番とし、二十八日の早朝から徳川家臣の本多忠勝・大久保忠佐《ただすけ》が朝倉軍へ一番に突き進み、二番には酒井忠次・小笠原氏助が向かった。さらに、三番には家康の旗本が向かい、朝倉軍は虎御前山まで退却した。その際、敵兵二人が味方に紛れ込み、家康の命を狙ったが、一人は天野三兵が討ち取り、もう一人は逃れたと記す。織田軍は浅井軍に押し込まれ敗北寸前の状況だったが、家康が敵に横槍を入れたので、織田軍も盛り返し勝利したとある。

　このように、家康が自ら望んで朝倉軍に向かう一番備となった話は、大久保彦左衛門忠教《ひこざえもんただのり》の作で、寛永年間（一六二四～四四）に成立した『三河物語』にも記されており、同じく寛永年間に成立した『当代記』では浅井軍に横槍を入れた武将として、稲葉一鉄の名前を挙げている。一

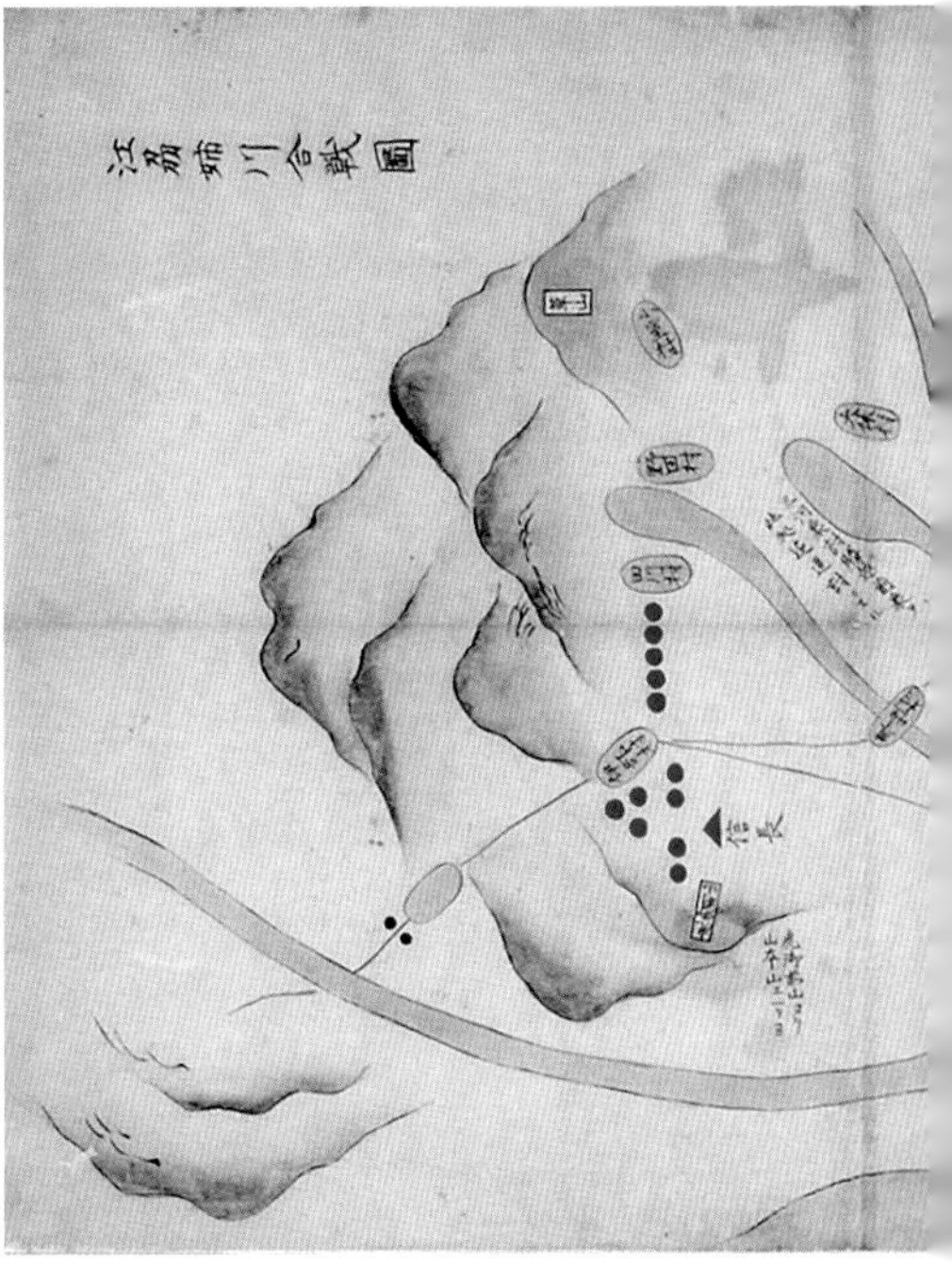

方、根岸直利《ねきしなおとし》の編にかかる『四戦紀聞《しせんきぶん》』は、宝永二年（一七〇五）九月の序をもつが、小笠原長忠家臣の七人は、大いなる武功があったので、合戦後に感状を与えられたとある。おそらく、家康の感状ということだろう。その七人とは、①伊達与兵衛定鎮、②吉原又兵衛、③林平六、④中山是非之助《ぜひのすけ》、⑤伏木久内、⑥門奈《もんな》左近右衛門俊政、⑦渡辺金太夫《きんだゆう》照である。

　福井県立歴史博物館は、天保八年（一八三七）三月に林義親が描いた「姉川合戦図屏風」を所蔵する。この屏風では武将名を金紙に墨書して貼り付けるが、先の七人を「七本鎗《やり》」として紹介する。すなわち、姉川合戦にも七本槍の働きがあったとするのである。ただ、この『松平記』以下の軍記物の成立は、合戦があった元亀元年（一五七〇）から見れば五十年以上経過した段階で記されたものであり、史実としては裏が取れない話である。「姉川七本鎗」に至っては「賤ヶ岳七本槍」等の影響を受けて、後から創作されたものと見てよいだろう。

姉川合戦図屏風　七本鎗　門奈佐近右門（福井県立歴史博物館蔵）

　織田信長と浅井長政・朝倉義景の戦闘は、以後四年間続き、天正元年（一五七三）に越前国大野における朝倉義景自刃、小谷落城による浅井長政自刃によって終結する。これらの戦いには、武田信玄の遠江国や三河国への侵攻があり、家康は援軍を送ることはなかった。

《コラム》「小谷城阯碑」と徳川氏

石碑建立は難工事

小谷城大広間と桜馬場の間の土塁上に立つ「小谷城阯碑」は、昭和四年（一九二九）五月に浅井長政没後三百五十年を記念して、小谷城址保勝会によって建立されたものである。この石碑製作の請負業者は、長浜鞴町《たたらまち》の石屋の下村勘七で、今でも石碑の裏面（大広間側）にその名が刻まれている。台石は小谷山の石が使われたが、碑石は高さ四・八メートル、幅一・八メートル、厚さ〇・一八メートルの巨大な「仙台石」が使われ、長浜で加工された。

この石碑を長浜から小谷山麓まで約十キロ、そこから標高三百五十メートルの地点まで上げるのは苦労が多かったと伝える。現在も番所跡上から御茶屋跡の曲輪下までつながる真直ぐな道があるが、これはこの石碑を上げるために設けた道と伝わる。

徳川家達が題字を書いた小谷城址の碑

浅井氏と徳川将軍家

この石碑の碑文は、浅井氏が京極氏の家臣から身を起こし、亮政・久政・長政と世代を継ぎ、織田信長と姉川合戦や志賀の陣で戦ったこと、結局長政や久政は信長に攻められ自刃したこと、しかし長政の三人の女《むすめ》、淀や初の存在、そして三女の江《ごう》が第二代将軍秀忠に嫁し、第三代将軍家光や、東福門院（後水尾《ごみずのお》天皇の中宮《ちゅうぐう》）を生んだことなどが記される。この文章を書いたのは、当時の滋賀県知事堀田《ほった》鼎《かなえ》、それを清書し碑文の元字を書いたのは、滋賀県師範学校の田中乕三《とらさぶ》郎《ろう》であった。そして、碑文の上部にある横書きの題字を書いたのは、徳川十六代当主の徳川家《いえ》達《さと》であった。

浅井氏の血は、確かに江を通して徳川将軍家に入っているものの、信長と同盟し、どちらかと言うと、浅井氏を滅ばした側の家である徳川家の当主に、題字を依頼したことになる。その点、当時の小谷城址保勝会の人々の思いは、どの辺りにあったのかと複雑な思いがする。この碑文は、滅亡してから女系で栄えた浅井氏の姿を、徳川家の繁栄と共に感じることが出来る記念碑だ。近代のものとは言え、小谷城址に刻まれた歴史の一つと言えよう。

落城400年忌に造られた浅井氏とその家臣の供養塔(小谷城桜馬場)

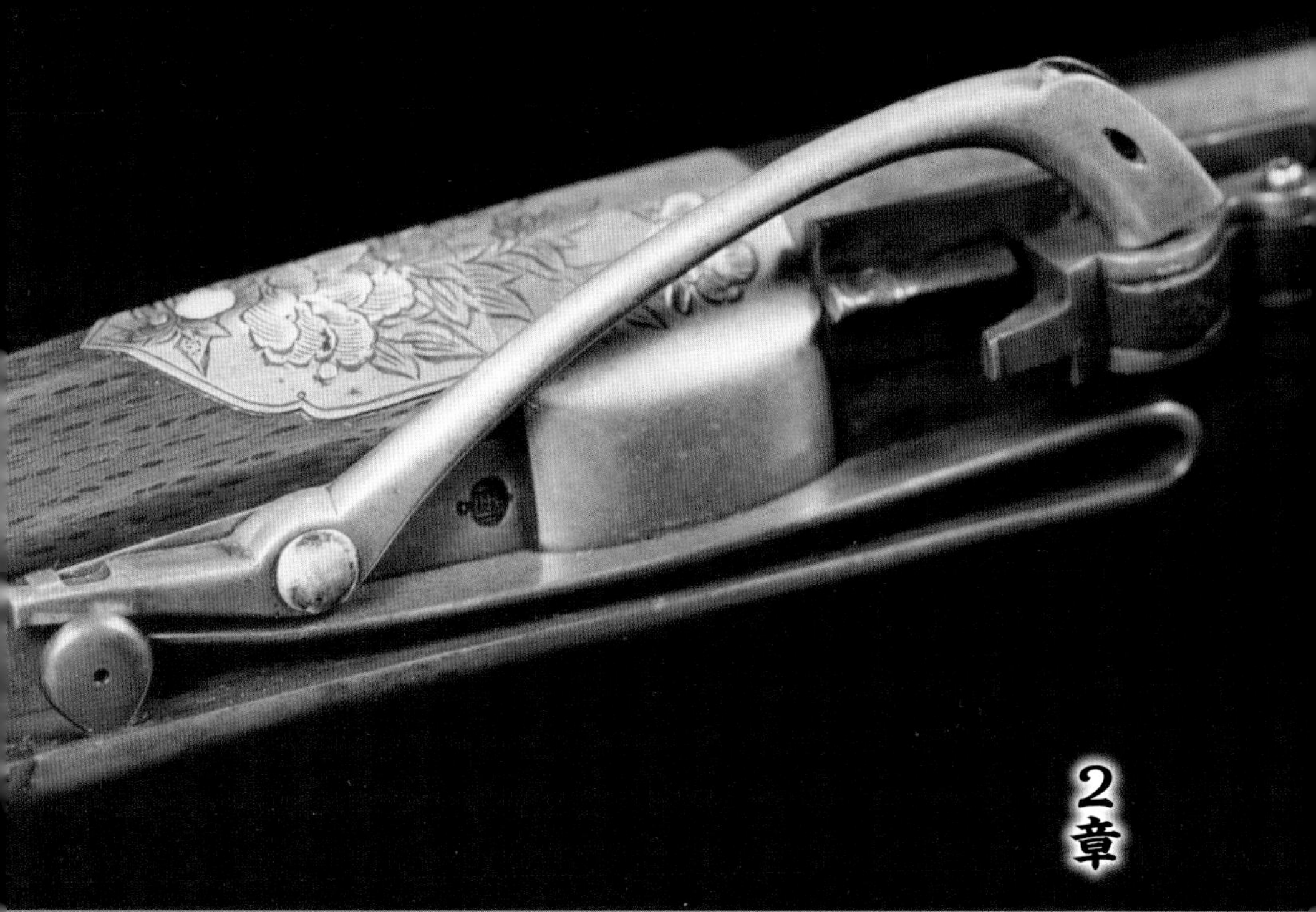

2章 徳川家康と国友鉄砲

国友鉄砲鍛冶は、戦国大名浅井氏が坂田郡国友村（長浜市国友町）に野鍛冶を集め、組織的に鉄砲の生産を行なわせたのが起源と見られる。その後、長浜城主となった羽柴秀吉や、佐和山城主となった石田三成の加護を得た。さらに、大坂の陣に向けての徳川家康からの大量発注により、江戸時代において、堺と共に日本を代表する鉄砲鍛冶集団となった。この国友鉄砲鍛冶について、徳川家康に用いられ幕府専属の「御鉄砲鍛冶」となる過程を、家康の職人掌握の一例として考えてみよう。鉄砲鍛冶の専属化は、家康の覇権《はけん》確立に大いに役立ったと考えられるからである。

国友鉄砲と長浜城主羽柴秀吉との関係

天正元年（一五七三）九月一日、小谷城は落城し浅井氏は滅亡、国友村を含む北近江の地は、浅井氏攻めに最も功があった羽柴秀吉に、その主君の信長から与えられることになる。秀吉は、小谷に代えて長浜に城と城下町を移すことになるが、鉄砲鍛冶が居住した国友村もその支配下におく。

豊臣秀吉像　北村李軒画(長浜城歴史博物館蔵)

国友村に伝来した「国友鉄砲記」では、国友鉄砲と秀吉との関係を以下のよう記す。元亀二年（一五七一）正月十七日に長浜城主となった秀吉は、信長から国友鍛冶は「妙器《みょうき》」（すぐれた鉄砲）は製作するが、大きな櫓《やぐら》を破壊できるよう

昭和58年に再興された長浜城

な大筒は製作していないので、早速命じて作らせるようにとの命を受ける。秀吉は、長浜に帰り国友鍛冶年寄四人を呼び、二百玉筒（口径約五センチ）で長さ九尺（約二・七メートル）の大筒二挺を製作することを命じた。出来上がった大筒二挺は元亀二年十一月六日に、信長がいた岐阜城へ献じられ、「大鉄砲の根元三国無双《むそう》の宝器」と称えられ、日本で初めての大筒製作となったという。この二挺の内一挺は正親町《おおぎまち》天皇に献上され、一挺は今後の見本として四人の年寄へ与えられたという。

この話が事実でないことは、その年号を元亀二年とすることだけ述べればいいだろう。元亀元年（一五七〇）四月から元亀四年（一五七三）九月までは、浅井長政と織田信長は、姉川合戦から小谷城攻防戦に至る元亀争乱の死闘を繰り広げていた。この合戦において一番功があった羽柴秀吉が、長浜城主となるのは小谷城が落城し

長浜市国友町の町並み

た元亀四年＝天正元年九月以降である。元亀二年に秀吉が長浜城主であったというのは明らかな間違いであるし、その段階で国友鉄砲鍛冶へ、秀吉や信長が大筒を発注できる状況はなかった。国友鉄砲と秀吉の関係は、「国友鉄砲記」に拠らず別の史料から考察する必要がある。

宛名を欠するが、国友藤二郎宛と推定される石田三成判物
国友助太夫文書(個人蔵)

国友藤二郎宛に「河原方」代官職を与えた羽柴秀吉書状
国友助太夫家文書(個人蔵)

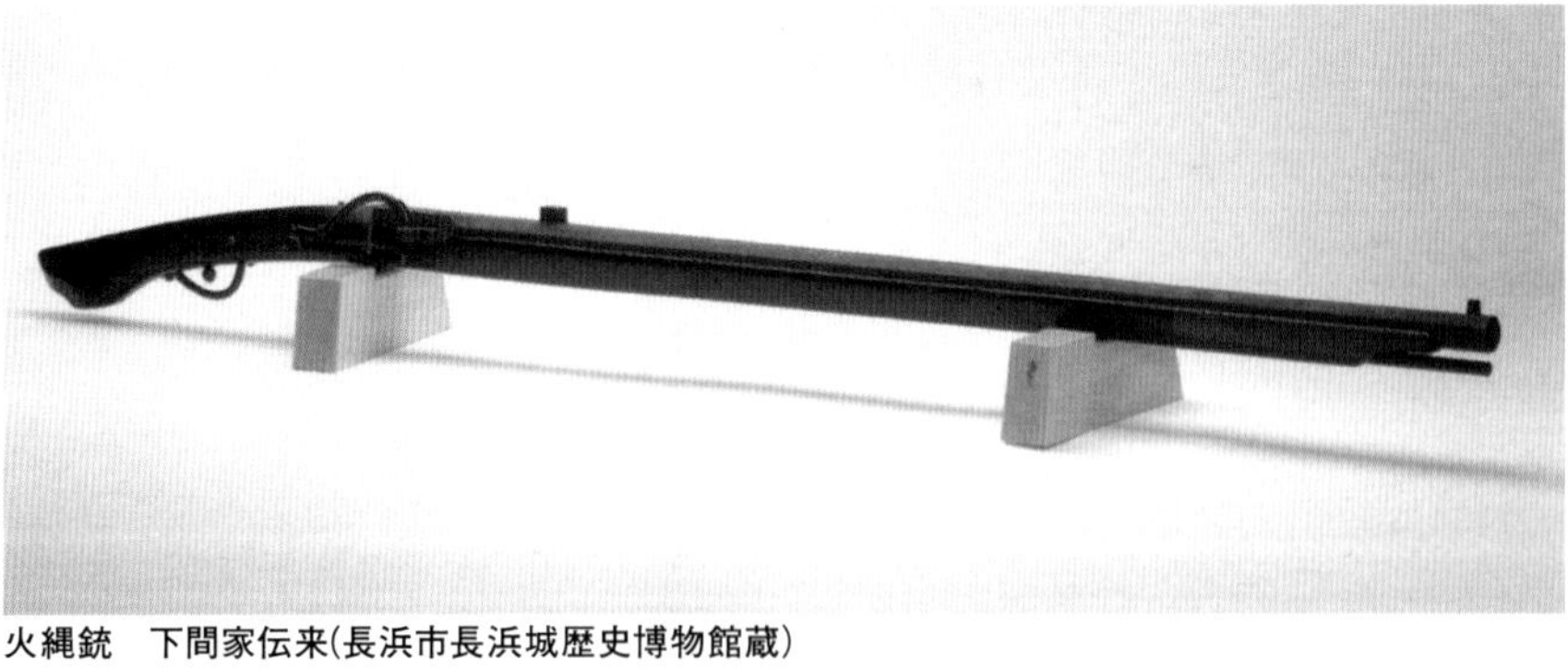

火縄銃　下間家伝来(長浜市長浜城歴史博物館蔵)

長篠合戦での国友鉄砲の使用

そこで、現在、国友鉄砲鍛冶の元に残った史料としては最古の文書である二通の秀吉文書(国友助太夫家文書)に注目したい。一通は、天正二年(一五七四)八月に国友鍛冶の土豪・国友藤二郎に対して、百石の扶持を与え、鉄砲を如《じょ》才《さい》なく製作するよう命じた内容である。もう一通はその国友藤二郎に対して、同年十月二十九日、国友村の内、姉川の北部を指す「河原方」の代官職を与えた内容である。浅井氏時代には、国友村には野村兵庫頭《ひょうごのかみ》などの土豪が居たことが伝えられているが、この国友藤二郎も同村の土豪で、鉄砲鍛冶を統括していた者と考えられる。だからこそ、秀吉から百石の地と「河原方」の代官職を与えられ、鉄砲生産のことを指示されているのである。秀吉はこの藤二郎を通して国友鉄砲鍛冶を支配していた。

長篠合戦図屏風(長浜市長浜城歴史博物館蔵)

ここで、後に国友鍛冶を統率する四人の年寄の名前は一切登場せず、藤二郎が全権を握っていたことを確認しよう。さらに、長篠・設楽ヶ原合戦が、翌年五月に行なわれ、長篠城を包囲した武田勝頼軍を討つため徳川家康が出陣し、織田信長も同盟者として参陣した。この合戦において、織田信長は大量の鉄砲を使用したとされ、その数は千挺とも三千挺とも言われる。実はこの有名な合戦で試用された火縄銃が、どこで生産されたものかは分からない。当時の史料には、鉄砲の産地は記されていないからだ。

ただ、長浜城主の秀吉が、先に示した文書により、前年八月の段階には、国友鉄砲鍛冶を掌握していた事実がある。だとすれば、信長の家臣として羽柴秀吉も出陣した長篠・設楽ヶ原合戦において、秀吉軍を含めた信長軍の火縄銃は、その相当数が国友産であった可能性があるだろう。国友鉄砲鍛冶は秀吉の時代に至ると、その統括者に知行や代官職を与えられるほど、組織だった生産が行なえる集団に成長していたと見られる。

長篠合戦図屛風(火縄銃部分)(長浜市長浜城歴史博物館蔵)

長篠・設楽ヶ原合戦

馬防柵(新城市提供)

天正三年（一五七五）五月二十一日に行なわれたこの合戦は、徳川方の長篠城を包囲する武田勝頼の軍勢を、西から徳川・織田連合軍が進み、両軍が対陣したものであった。合戦に至る前後の史料はともかく、合戦そのものについては良質な史料に恵まれないが、馬防柵を前に待ち構える織田・徳川軍に対して、武田軍は鉄砲衆・弓衆を前面に押し立てつつ前進するという、当時の常識的な戦法がとられたと推定されている。

武田軍は馬防柵の引き倒しや、とげが出た垣根である逆茂木《さかもぎ》の除去に懸命となったが、そこには織田・徳川軍からの容赦ない鉄砲攻撃が浴びせられ、犠牲者が増えていったものと推察される。この際、信長の銃兵は柵の内側に留まったのに対し、家康の銃兵は柵の外側で戦った。この状況は、よく知られた「長篠合戦図屏風」にも忠実に表現されている。織田・徳川軍の擁《よう》した鉄砲の数は、武田軍にとってこれまで経験したことのない量であり、この鉄砲とそれを操作する鉄砲衆の数の差が、この合戦の勝敗を左右した。その火縄銃の供給地として、堺とともに秀吉の領国となっていた国友が考えられるのである。

　また、従来言われてきた織田・徳川軍による鉄砲の三列（段）撃ちや一斉射撃は、最新の研究では再考が求められている。同じく、武田軍の主力が騎馬隊であったとする説も否定され、実際は少数の騎馬武者が指揮し、徒歩《かち》兵が主力となった通常の戦国時代の軍隊であったと考えられている。この武田軍の軍隊編成は、「長篠合戦図屏風」でも忠実に表現されている。

『信長記』によれば、信長は極楽寺山から家康の本陣があった高松山まで前進し、敵の動向を見据えながら、佐々成政・前田利家らを奉行として鉄砲衆を操ったとある。

武田方からは、山県昌景《まさかげ》・武田信廉《のぶかど》・小幡《おばた》信貞・武田信豊・馬場信春が日の出から午後二時頃まで、入れ替わり立ち替わり攻め来たったが、織田・徳川軍の攻撃によって、多くが討たれ北の鳳来寺《ほうらいじ》（新城市門谷）に向けて逃れていったとされる。

武田方の主な武将は、山県昌景や真田信綱が敗走する中で戦死。馬場信春・内藤信豊は勝頼を逃がすために、追撃する敵軍を迎え撃つ殿《しんがり》戦を展開して討ち死にした。勝頼は一族の一条信竜《のぶたつ》らに対し、合戦直後の六月一日、設楽ヶ原での戦況はさしたる敗戦ではないと強気の姿勢を伝えているが、多くの宿老を討死させ、天正十年（一五八二）の武田家の滅亡の遠因になった戦いだった。

国友鉄砲の里資料館外観（上）と内部（下）

幕府「御鉄砲鍛冶」の成立へ

国友鉄砲鍛冶と家康が直接関わりを持つようになるのは、関ヶ原合戦後である。ただ、国友鉄砲鍛冶には次の伝えがある。慶長五年（一六〇〇）四月、徳川家康が一貫目玉《いっかんめだま》筒五挺と八百目玉《はっぴゃくめだま》筒十挺を、国友鉄砲鍛冶に急ぎ発注したが、これを知った石田三成が納品を阻止しようとした。しかし、国友鍛冶たちは徳川の葵《あおい》の紋が付いた幟《のぼり》と、荷印《にじるし》五十本をかざし、成瀬《なるせ》正《まさ》成《なり》の指示に従って、邪魔をする三成家臣の嶋《しま》左《さ》近《こん》らを振り払い鉄砲を家康の陣所まで納入したと言う。

しかし、この内容は、同年九月十五日の関ヶ原合戦の家康勝利後に、国友鍛冶が最初から家康方だったことを裏付けるために作り上げた話であることは明らかであろう。関ヶ原合戦前に、石田三成の支配下の一村であった国友村に、徳

国友一貫斎屋敷

川家康が鉄砲を発注することは不可能であったと考えた方がいい。

それでは、徳川家や徳川幕府との接触は何時から確認できるのだろうか。国友鉄砲鍛冶各家に複数残る由緒書では、徳川家康が国友鉄砲鍛冶へ初めて発注した年を、慶長五年・六年・九年・十一年と家によってさまざまに記す。一般的には、江戸時代に成立した「国友御鉄砲鍛冶往古より旧記写」より、慶長九年（一六〇四）とするのが定説になっている。いずれにせよ、江戸中期以降に書かれた由緒書は、幕初の状況をさかのぼって記述したもので、徳川家と国友鉄砲鍛冶との接触時期を正確に伝えていない。

最も正確な歴史を伝える古文書では、慶長十二年（一五〇七）五月の成瀬《なるせ》正成《まさなり》定書（国友助太夫文書）が、国友鉄砲鍛冶と徳川家との接触を示した最古の文書と考えられる。徳川幕府、特に家康からの発注を最優先に考え、他国からの発注は幕府に届け出ること、また鍛冶たちが他国に出ないこと、秘伝を守ること、さらには薬の調合や出合《であい》（口径と玉の直径の関係）について、年寄以外は秘伝とすることなどを定めている。国友鍛冶を徳川家康が専属の御用鉄砲鍛冶化しようとする姿勢が示されている。この結果、諸国に行って各大名家に仕官している者の帰国が促され、国友での鉄砲生産が家康発注を優先するようになっていく。

稲富一夢と国友鉄砲鍛冶

徳川家康と国友鉄砲鍛冶の間を仲介した人物に、稲富一夢《いなとみいちむ》がいる。一夢はもともと細川忠興《ただおき》に仕えた砲術師であったが、関ヶ原合戦の際に大坂屋敷で、死に追いやられた忠興室ガラシャを放置した責任を追及され、細川家を追われた。その後、井伊直孝に仕え、彦根藩の砲術師として活躍していた。この人物こそ家康に国友鍛冶を紹介し、家康直属の鍛冶に組織するよう主導した人物と見られる。その関係は、国友に残った文書などでも確認できる。

まず、慶長十二年（一六〇七）十一月二十七日付けの稲富一夢書状がある。この文書では、兵《ひょう》四郎《しろう》と彦助《ひこすけ》に国友の鉄砲代官を任せた上は、鉄砲鍛冶の名簿を早急に提出するよう命じている。これは駿府の家康へ報告するための書類と記している。さらに、小筒《こづつ》でも他の注文に対応することは問題あるのに、幕府以外の発注で、大筒《おおづつ》の製作が発覚すれば両人の責任は免れられないと伝えている。

慶長十三年に至っても、国友鉄砲鍛冶と家康との折衝は、稲富一夢を介して行なわれたことが国友に残った文書によって知られる。これらの文書の中で、国友鍛冶の状況が稲富一夢を通して成瀬正成に伝えられていることが分かるが、さらに「四人之年寄共」に扶持《ふち》や切米《きりまい》が与えられて統制が図られていたことが読み取れる。大坂の陣後に続く、江戸時代における幕府御用鍛

夢鷹図(国友一貫斎像)（国友一貫斎関係資料）

冶としての生産組織は、ここに登場する四年寄（寿斎（助太夫）・兵四郎・善兵衛・徳左衛門）を頂点として形成される。その基礎が、徳川幕府、特に家康への対応の中で確立されたことが読み取れる。

国友町の星を見つめる少年像（辻村耕司撮影）

大坂の陣での火器使用

ここでは、大坂冬の陣での鉄砲使用の記録を、国友鉄砲鍛冶に伝来した史料以外で見てみよう。冬の陣は天正十九年（一六一四）十一月十九日から開戦し、翌月十九日には講和となったが、講和間近になると徳川軍の城内への火器を使った攻撃が激しくなる。『駿府記《すんぷき》』によれば、十二月九日には諸方で鬨《とき》の声があがり、鉄砲が連射され、その音はあたかも「疾雷《しつらい》」のごとしと評する。「ツルベハナシ」撃つ（つるべ撃ち）ことは、あまりよろしくないと家康が制するほどであったと記す。

また、『当代記《とうだいき》』によれば、十二月八日、天王寺口の大和衆が、青銅《せいどう》の鋳造《ちゅうぞう》砲である石火矢《いしびや》（仏郎機《フランキ》）を撃とうとしたが、火薬に誤って引火し七十人から八十人が怪我《けが》をし、五・六人が事故死したと記す。また同書によると九日から十一日かけて、城内へ鉄砲を撃ち込み、有効な射角を得るため築山《つきやま》を造り大筒により、城の惣《そう》構《かまえ》内へ攻撃を加えた。

さらに、『大坂冬陣記』によれば、十二月十六日に家康が鉄砲上手な者十人を選び、藤堂高虎や松平忠直の陣所から小筒・大筒を城内の櫓《やぐら》へ撃ちかけ、今井宗薫《そうくん》が五百・六百目玉の石火矢を伊達政宗の陣所から撃ったと記す。それ以前には、片桐且元陣所から伊丹紀介《いたみきのすけ》が大筒を撃ったが、これも六百五十目玉だったとある。同書は、十七日に水野忠元が佐竹氏の陣所から石火矢を放って城の櫓壁を破壊したが、その衝撃は地震のごとくだったとも記す。

『難波《なにわ》戦記』の記述は有名である。十二月十五日、牧野清兵衛・稲富重次・中井正清を家康が呼び、精鋭十数人を集めて、敵の櫓を撃ち破ることを命じた。三人は大坂城北に当たる備《び》前島《ぜんじま》の片桐且元陣所が城中本丸に近いと知って

国友鉄砲鍛冶の家に伝来した「大坂夏の陣図」（国友助太夫家文書）（個人蔵）

いたので、そこから大筒百挺を揃えて城内を攻撃した。これは、片桐は城内に詳しいことから、淀殿御座所《ござしょ》を割り出しての攻撃であった。その結果、淀殿がいた櫓が倒壊、その侍女七・八人が建物の下敷きとなり圧死した。その状況は地獄の沙汰で、淀殿は早速秀頼に一刻も早く和睦するよう頼んだという。

このように、大坂の陣での鉄砲・大筒・石火矢使用は、軍記物の記述には多彩だが、そこで使われた火器がどこで製作されたかは記述がない。唯一、『寛政重修諸家譜《かんせいちょうしゅうしょかふ》』の元史料として知られる『譜牒余録《ふちょうよろく》』の稲葉丹後守下附家臣《したづけかしん》の項に、幕府代官「市岡理右衛門《りえもん》代官所」の江州国友村の鉄砲張《はり》として、兵四郎・徳左衛門・助大夫・善兵衛の四人の年寄と、集団としての「惣鉄砲張」の名前が見える。

彼らは大坂の陣の際に年寄は陣所に詰め鉄砲の掃除を行ない、惣鍛冶は鉄砲の製作にあたったとする。陣所での鉄砲の修理・調整、製作に国友鍛冶が関与したというのである。もとより、後代の記述なので全面的に信がおけるものではないが、これが事実だとすれば、使われていた鉄砲・大砲の多くが国友製だったと考えることが可能だろう。

新たな家康との関係

徳川幕府からの発注鉄砲は、慶長十九年(一六一四)からは大岡・加藤・奥山といった人物が鉄砲の受取人となっている。また、地元の代官についても、窪嶋昌忠《くぼしままさただ》から坂田郡加田村(長浜市加田町)に代官所があったとされる豊島忠次《としまただつぐ》に替わっている。大坂の陣が間近に迫る中で、慶長十五年(一六一〇)までの「徳川家康→稲富一夢→窪島昌忠→国友鍛冶年寄」という体制とは異なる形での鉄砲生産が開始されたことを示していよう。これは、稲富が慶長十六年二月六日に死去した関係もあるだろう。

　大坂の陣を前にして、徳川家や江戸幕府から国友へ大量の鉄砲・大筒の注文があり、納品も行なわれたことは確実だが、その具体的な数量については、鉄砲鍛冶の家に残った鍛冶由緒書では数量が区々《まちまち》で、正確な数がつかめない。国友に残った文書で、幕府からの鉄砲請取状を調べると、六匁玉筒から百目玉筒まで、百四十挺という数字になる。さらに、「慶長年中　大筒直段《ねだん》之跡」という史料によっても、同じく六匁玉筒から百目玉筒まで百九十二挺という数字が得られるのみである。

　これらは、幕府への納品数の一端を示すもので、その総体ではないと推定される。国友の郷土史家であった湯次行孝《ゆすきゆきたか》氏は、その総数を三匁玉筒から一貫目玉筒まで六百挺以上と推測されたが、あながち的外れな数字とは言えないだろ

国友鉄砲研究会による火縄銃演武　大阪城天守閣前

う。その中で、堺市博物館が所蔵する「慶長大火縄銃（大阪府指定有形文化財）」は、大坂の陣用の国友鍛冶製作火縄銃として唯一の確実な遺品と言えよう。この銃は、慶長十五年（一六一〇）三月五日に、近江国友村の国友甚左衛門が銃身を製作し、銃床《じゅうしょう》（木製部）を堺鍛冶が製作したことが知られている。

また、徳川家との関係については、家康から鍛冶たちへ下賜された三領の小袖が現存していることも重要である。これらは、鉄砲鍛冶の年寄の一人・徳左衛門家に伝来したものであり、①花菱亀甲《はなびしきっこう》散らし文様小袖、②白綾《しらあや》小袖、③縞《しま》に檜垣《ひがき》文様小袖で、同家の由緒書によれば、慶長九年（一六〇四）に鍛冶が駿府に召され、家康から鉄砲の注文を受けた時と、大坂冬の陣後に与えられたものと理解されている。特に、②と③が右袖を欠いているのは、由緒として徳川家とのつながりを重視し、家康との接点を示す記念として、徳左衛門以外の各鍛冶に切り取って配分されたものと見られる。

大坂の陣の段階で、国友村には五十軒程の鍛冶屋と、五百人余に及ぶ鍛冶職人がいたという。この大坂の陣への徳川家、特に家康からのの大量注文によって、浅井氏以来権力者の手厚い保護と、鉄砲注文によって発展した国友鉄砲鍛冶の繁栄は頂点に達した。その姿は、日本国中には他に類例がない江戸幕府直属「御鉄砲鍛冶」としての姿だったのである。これにより、日本の近世社会において、国友ブランドの鉄砲が名を馳せることになる。その高名は、様々な発明を行ない江戸後期に活躍した国友一貫斎の登場によってさらに高まった。

多羅尾の一石六体地蔵(甲賀市信楽町多羅尾)

3章 「神君伊賀越え」をめぐって

甲斐国や信濃国を領した武田勝頼《かつより》は、駿河国や遠江国の統治をめぐって、徳川家康と絶えず争ってきたが、天正十年（一五八二）三月十一日に織田信長の総攻撃を受けて、勝頼親子は討たれ、武田氏は滅亡した。三月二十九日には信長は旧武田領の国割《くにわり》を実施、そこで家康は武田氏の一門で、信長方へ離反した穴山梅雪《あなやまばいせつ》の領地を除き、駿河国も領国とすることに成功した。三河国と遠江国を加え三ケ国を領する大名となった訳である。一方で、信長との同盟関係は、徐々に主従関係に変化していく。

天正十年六月二日の家康

五月十一日、家康は梅雪と共に領国を安堵された返礼として、信長の許《もと》へ向けて出発し十五日には安土城に到着し歓待を受けた。さらに、信長の勧めで京・大坂・奈良などを見学し、六月二日には和泉国堺に至っていた。この家康の堺滞在時に、「本能寺の変」が起きたのである。堺に投宿中であった家康は、その朝上洛しようとしていた。そのため、家臣の本多忠勝を先に向かわせたが、その途次において京都から知らせを持って来た茶屋四郎次郎《ちゃやしろうじろう》と遭遇《そうぐう》した。茶屋は情報収集のために家康が京都においた呉服商であった。家康は、茶屋と共に戻った忠勝から変の勃発《ぼっぱつ》を知らされる。

信長の歓待を受けた安土城(辻村耕司撮影)

一次史料は甲賀者の家に

この時、家康の周辺には少数の供《とも》しかおらず、家康としては落武者《おちむしゃ》狩《が》りの危険を冒しても、間道《かんどう》を通る形で河内から大和・近江・伊賀を抜け、伊勢から船で本国三河に達する逃避行を実施せざるを得なくなる。ただ、その途中に当たる伊賀国は、織田信長が天正九年(一五八一)に伊賀惣国一揆《そうこくいっき》を徹底的に攻撃・殲滅《せんめつ》した「天正伊賀の乱」の地であった。信長の死を知って、反信長勢力が息を吹き返しており、家康としてはなるべく伊賀を通りたくなかった。この逃避行について、藤田達生《ふじたたつお》氏の論考に導かれながら状況を追ってみよう。

この逃避行に関する一次史料は二通しかない。一通は六月四日付の蒲生賢秀《かたひで》・氏郷《うじさと》親子に宛てた家康書状で、安土城にいた信長妻女一族を庇護する労をねぎらった文書。蒲生氏は信長妻女を安土城から居城の日野城に移していた。この文書は甲賀郡の国衆《くにしゅう》山中氏の所に写が伝来した。もう一通は、家康が岡崎に帰還した後の六月十二日付の和田定教《さだのり》宛の起請文で、やはり甲賀

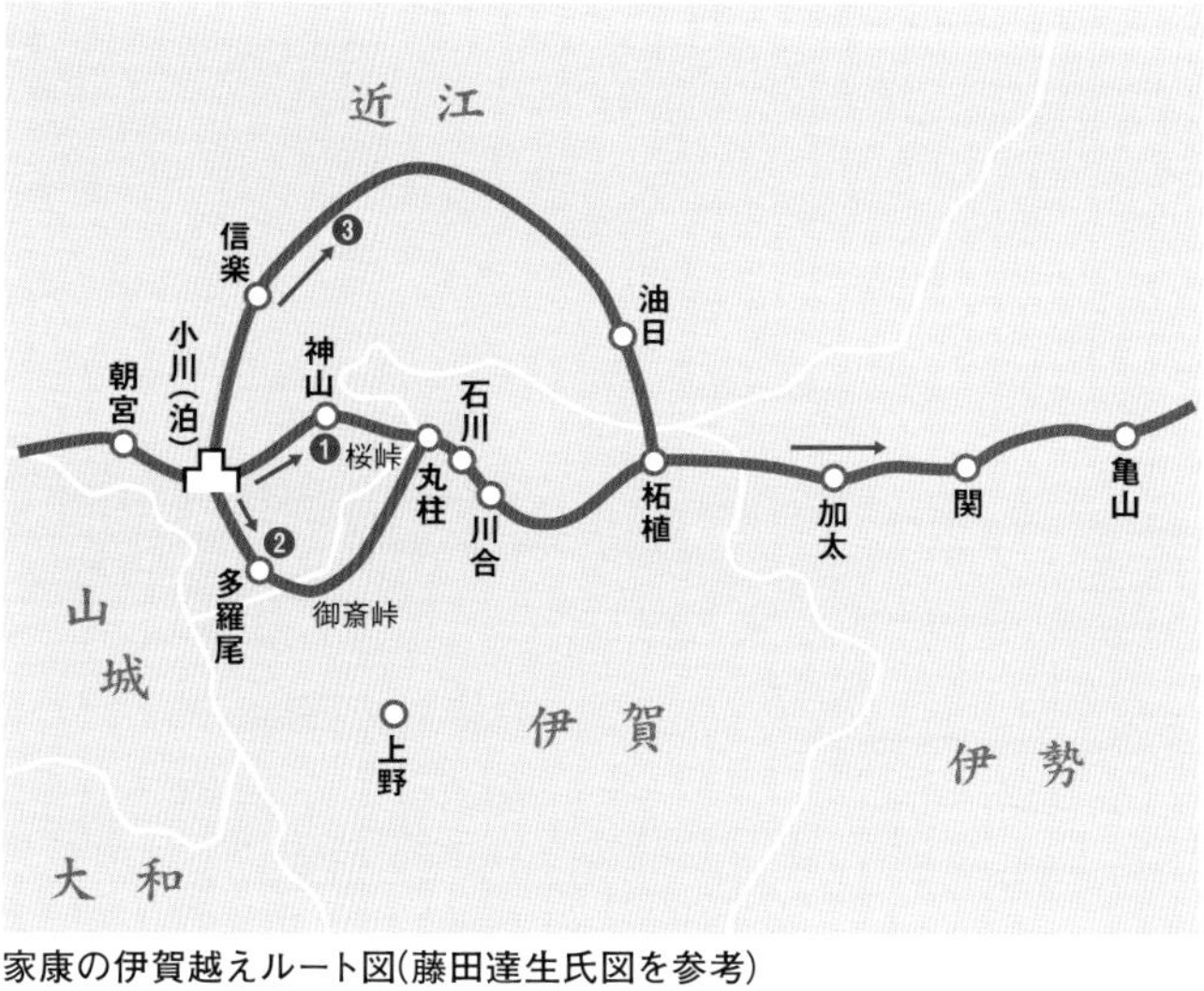

家康の伊賀越えルート図(藤田達生氏図を参考)

郡の国衆和田家に写が伝来した。人質まで出して対応した定教を、今後おろそかにないことを誓約したものである。定教は将軍義昭の逃避行を助けたことで知られる和田惟政《これまさ》の実弟である。定教は信長に仕えていたが、甲賀郡に住いしており、家康逃避行の案内役を務めたと考えられる。一般的にこの逃避行は、伊賀者が家康を案内したと言われるが、実際に古文書が残るのは甲賀者の家であることが重要である。

逃避行のルート

逃避行を記す編纂物としては、幕閣の大久保忠隣《ただちか》の子で石川康通の養子である石川忠総《ただふさ》が纏《まと》めた「石川忠総留書《とめがき》」が比較的良質と言える。同書によれば、六月二日は堺を立って、南山城路を通り、山城国宇治田原（京都府綴喜郡《つづきぐん》宇治田原町郷之口《ごうのくち》）の山口館に宿泊している。十三里

多羅尾の集落(甲賀市信楽町多羅尾)（辻村耕司撮影）

の距離だった。

六月三日は山口館から裏白峠《うらじろ》(山城・近江国境)を越え南近江路に入り、近江国甲賀郡信楽《しがらき》にあった多羅尾《たらお》光俊の館(甲賀市信楽町小川)に宿泊している。この日の行程は六里となる。六月四日は小川の多羅尾館を出て、北伊賀路・伊勢路を通り四日市に至り、四日市の南に当たる長太《なご》(鈴鹿市北長太町など)から船に乗り、船中泊している。この日の行程は、十七里となる。

この行程の後半、伊賀国柘植《つげ》(三重県伊賀市)、伊勢国加太《かぶと》、(三重県亀山市)、同関(三重県亀山市)、同亀山を通過したのは確実である。柘植の徳永寺には家康が立ち寄ったという伝承もある。六月五日は海路で三河国大浜(愛知県碧南市築山町など)に上陸、三河国岡崎へ無事帰着している(当時の家康の本城は浜松城)。

柘植の徳永寺(三重県伊賀市)

三葉葵の紋がみえる徳永寺の屋根

甲賀越えの可能性

この内、問題なのは六月四日の行程である。特に、四日の行程の前半が問題となる。「石川忠総留書」では、①小川館→桜峠→丸柱《まるばしら》→川合→柘植のルートを想定している。桜峠から柘植までは現在の伊賀市で、伊賀国の北部を抜けたことになる。一方、『徳川実紀』は小川館から②御《お》斎《とき》峠《とうげ》越《ご》えをして丸柱に至る経路だが、これは遠回りになる上、伊賀惣国一揆の中心地であった上野に近づくルートで、家康が選択することはあり得ないと藤田達生氏は言う。

一方、『戸田本三河記』によれば、家康一行は小川館から③甲賀越えで伊勢国関へ出たと記している。藤田氏は甲賀者の家に一次史料が残った事実からして、山中氏や和田氏が案内したと見るが、この甲賀越えは下り道で距離も伊賀越え（桜峠越え）とはそう変わらない。甲賀の

小川城入り口の石碑

御斎峠跡石碑(三重県知事揮毫)(辻村耕司撮影)

小川館を出て、信楽・油日(いずれも滋賀県甲賀市)を経て、伊賀国境に至る比較的安全な甲賀越えを、家康が通った可能性は大いにあると指摘する。この場合、伊賀国の通過距離は、柘植周辺のわずか三キロとなる。なお、大和を回ったとする説もある。

なお、この時家康に従っていた人数だが、酒

御斎峠の仕置場跡(辻村耕司撮影)

近江側からの桜峠

御斎峠から伊賀国(三重県)方面(辻村耕司撮影)

に本丸の南東から二の丸の東に、家光時代に新設された三の丸があった。本丸については土塁や堀が良好に残っており、作事に当たった京都大工頭の中井家に残された図面によれば、本丸の中には将軍居所となる御殿が存在した。

本丸正面の「南之御門」を入り「御中門」を通って、御殿南西にある玄関を入ると、「御対面所」や「御広間」が広がり、建物の中央には「御小広間」や「古御殿《ふるごてん》」があり、将軍が来客や家臣などに会う「表向《おもてむき》」の空間であった。御殿の北西は、「御休息所」や「御亭《おちん》」がある将軍の私的空間「奥向《おくむき》」が広がり、北東には「御台所」や老中の控室などが並んでいた。

野洲市教育委員会では、平成二十九年から発掘調査を行なっており、ほぼ残された図面の通りの遺構を確認している。御殿の中心近くにあった「古御殿」からは、建物の外縁に並べられた縁石や、等間隔に並べられた建物礎石が確認されている。また、「御亭」跡からも建物の外周にある地覆石の石列や基壇の縁石も発掘されており、2間四方の楼閣風の建物が存在したことが明らかになった。「南之御門」と記さる本丸正門からは、櫓門の遺構も検出された。将軍上洛は数年に一回しか行われず、

永原御殿の本丸の土塁

永原御殿「古御殿」の建物礎石

宿泊しても数日であったのに、これだけの規模の御殿を造った事実を知ると、家康が創り上げた徳川幕府の強大さを改めて感じる。

その他の将軍御座所

◆水口城・伊庭御殿・柏原御殿　甲賀市水口の城下町・宿場町内にある**大徳寺**は、もと禅宗の林慶寺と言ったが、天正十六年（一五八八）に水口岡山城主中村一氏《かずうじ》が、小田原の大蓮寺の僧叡誉《えいよ》を迎え開山として、浄土宗に改め浄慶寺と号した。その後、僧叡誉が家康の幼児期の学問の師だった関係から、関ヶ原合戦後、家康は29石余と金品等を寄付し、家康の「家」と松平（徳川家の旧姓）の「松」の各一字をとって「家松山」の山号を与え、堂塔の整備を行なった。寺号を大徳寺と改めたのも家康の意向という。将軍家光の時代に、

再興された水口城(辻村耕司撮影)

大徳寺の家康腰掛石(辻村耕司撮影)

水口には寛永十一年（一六三四）に、小堀遠州が作事奉行となり将軍宿泊施設の**水口城**ができるが、家康の時代には専用の宿泊所がなかったので、大徳寺を宿所とした。門を入って右の鐘楼

前にある石は、家康が腰掛け叡誉上人と話し合った場所と伝えられており、「家康の腰掛石」として尊ばれている。

この他、近江の将軍御座所としては、寛永十一年の家光上洛に合わせて、水口城と同じく小堀遠州が作事奉行を務め建造された**伊庭御殿**（東近江市）がある。これも朝鮮人街道沿いの宿泊施設で、伊庭山の山麓に位置し長方形敷地の御殿だったことが知られている。さらに、**柏原御殿**は関ヶ原合戦後に、中山道柏原宿に建造されたもので、徳川家康も大坂の陣で上洛する際使用している。

柏原御殿跡

これらは、冒頭でも記したように、「茶屋」とか「御殿」と呼ばれたが、ここで紹介した四つの施設をまとめて「近江の四御殿」と称した。この内、永原御殿と柏原御殿は、徳川家康の時代から使用されたもので、水口の腰掛石と共に、家康の痕跡が残る史跡である。

伊庭御殿跡地

4章 関ヶ原合戦と徳川家康

関ヶ原合戦は慶長五年（一六〇〇）九月十五日、家康五十九歳の年の出来事である。

関ヶ原合戦について、家康が勝つべくして勝ったと見る向きも多いが、家康はこの合戦で「大博打《ばくち》」をしている。毛利軍の不動を信じて、その前を通過し、三成方が居並ぶ敵陣深くまで陣を進めた決断は、危険な「賭け」であったと見られる。家康の「賭け」が当たった幸運が、この合戦の勝敗を分けたとも評価できる。

九月十五日の合戦当日以降、家康は美濃国・近江国や畿内に多くの禁制を出している。これは合戦後の世上の混乱を防ぐためのことであった。九月二十七日には大坂城に入り、合戦の勝者として秀頼に拝謁している。

関ヶ原合戦に至るまでの七月からの一連の戦いで、家康は反対勢力を武力により一掃することに成功し、開幕への道を突き進んでいくのである。

関ヶ原合戦に至る経過

関ヶ原合戦は慶長五年（一六〇〇）九月十五日、家康五十九歳の年の出来事である。この年二月には、加賀国前田利長と和睦した徳川家康は、会津に帰っていた五大老の一人・上杉景勝《かげかつ》が領国内の城や道路を整備して謀反を企んでいるとの情報に接する。家康は四月に上杉景勝へ使者を出し、詰問して上洛を求めたが、上杉方は有名な「直江状（宿老直江《なおえ》兼続《かねつぐ》の書状）」を返し、家康の意向に従わなかった。家康は上杉氏の拠る会津攻めを決断、全国の諸将に出陣を命じ、自らも六月十六日には、五万五千人余りの軍勢を率いて、大坂城から江戸へ向かった。さらに、七月二十一日には江戸を立ち会津へ向かう。

この間、秀吉亡き後の家康の専横をくい止めようとする三成は、七月十一日に大谷吉継《よしつぐ》を誘って挙兵する。さらに、大坂に登ってきた毛

三成の陣所笹尾山から古戦場を望む（辻村耕司撮影）

利輝元・宇喜多秀家を味方につけ、豊臣政権の政務を担っていた三奉行をも取り込み、十七日には家康の非道を訴え挙兵に応じるように各大名へ説いた弾劾状《だんがいじょう》「内府《だいふ》ちが（違）ひの条々」を、三奉行の名で発することになる。

七月二十五日、家康は上杉攻めに従軍してきた諸将を集め、三成挙兵への対応を協議した「小山評定《おやまひょうじょう》」を開催したとされる。この「小山評定」は、最近実際には行なわれなかったとの説が出ているが、少なくとも小山（栃木県小山

石田三成像（彦根市龍潭寺）

関ヶ原合戦で三成陣前の決戦地（辻村耕司撮影）

市）の地で家康が自らの意見を述べ、諸将の対応を個別に聞く機会はあったと考えた方がいい。ここで、家康はそのまま上杉攻めを続けるという選択もあったが、従軍していた武将たちを西へ帰らせ、三成たちと雌雄を決する道を選ぶことになる。その三成方は、八月一日には家康の宿老鳥居元忠や松平家忠らが留守居《るすい》をつとめていた伏見城を攻め落とした。

八月二十三日には、家康方の福島正則や池田輝政が、三成方の織田秀信が籠る岐阜城を陥落させ、さらに進んで美濃国赤坂（大垣市赤坂町）に布陣、三成方が本拠とする大垣城と対陣することになる。家康も九月一日には江戸を発って、十四日には赤坂に至った。到着早々、家康方の中村一栄《かずひで》の部隊が杭瀬川《くいせがわ》を渡って、三成方の嶋左近の部隊と衝突する杭瀬川の合戦があったが、中村一栄の宿老野一色頼母《たのも》が討ち死にするなど、徳川方の敗戦に終わっている。中山道赤坂宿に

杭瀬川の古戦場（大垣市）

残る兜塚《かぶとづか》は、この野一色頼母の墓である。

決戦・関ヶ原へ

九月十四日の夜、家康は大垣城を放置して、西へ向かい近江国へ侵攻する戦略を立てたと見られる。近江国には三成の居城である佐和山があり、その先の京都や大坂に迫ることができる。三成方の本拠を直接攻撃する作戦だ。これを察知した大垣城の石田三成は、南宮山《なんぐうさん》の南を通り、十五日には関ヶ原に布陣し、近江国へ入るための中山道(江戸時代の言い方)、それに北国街道(北国脇往還とも言われる)を封鎖する陣形をとった。

朝から始まった関ヶ原合戦については、最近様々な研究がなされており、定説が覆《くつがえ》っている。小早川秀秋らの寝返りは開戦当初からだったこと。したがって、なかなか動かない秀秋軍に対して、脅《おど》しのため家康が鉄砲を撃たせた話も虚

家康が最初に陣をおいた桃配山(辻村耕司撮影)

構だったこと。家康は「山中」に向かって戦ったと自らの書状に記しているので、合戦場は中山道沿いの「山中」である山中村（岐阜県関ケ原町山中）周辺が中心で、従来の布陣のように関ヶ原の「原」全体には戦場が展開していなかったこと。などが明らかにされた。しかし、最後の「山中」合戦説は、大将である家康文書の主観的な表現を重視しすぎで、実際は定説通り、関ヶ原全体で合戦が行なわれたと考えるべきである。

　小早川秀秋軍の家康方への寝返り、そして南宮山に陣した毛利秀元・吉川広家らの毛利軍がまったく動かなかったことなどは家康には有利に働いた。寝返った小早川秀秋軍の直接攻撃を受けた中山道を守る大谷吉継軍は崩壊、それにつられて北国街道を守る石田三成の本隊も戦線を維持することができず、この合戦が三成方の敗北に終わったことはよく知られている。実は、南宮山の毛利軍を統括する吉川広家は前日、家康方へ井伊直政や黒田長政らを通じ誓詞《せいし》を出し、毛利家の安泰を条

件に、合戦における不動を家康に約束していた。この密約があったからこそ、家康は南宮山の北を通って関ヶ原へ進出することが出来たのである。ただ、いくら誓詞を得たからと言って、十四日晩から十五日朝にかけての家康は、毛利軍が動かないという確証を得ていなかったと見られる。

関ヶ原合戦について、家康が勝つべくして勝ったと見る向きも多いが、家康はこの合戦で「大博打《ばくち》」をしている。毛利軍の不動を信じて、その前を通過し、三成方が居並ぶ敵陣深くまで陣を進めた決断は、危険な「賭《か》け」であったと思われる。家康の「賭け」が当たった幸運が、この合戦の勝敗を分けたとも評価できる。

関ヶ原合戦図屏風(関ケ原町歴史民俗学習館蔵)

佐和山城攻撃へ

徳川家康は関ヶ原合戦に勝利すると、さっそく三成の居城である佐和山城攻撃に向かう。関ヶ原合戦により、三成が伊吹山方面に逃亡した結果、佐和山城の守りは父の正継《まさつぐ》や、三の丸を守備していた兄の正澄《まさずみ》に託されていた。家康は九月十五日の晩、美濃国山中村の大谷吉継の陣跡の小屋に泊まり、十六日は藤川（米原市藤川）、十七日には佐和山の南の雨壺山《あまつぼやま》（彦根市岡町）に陣を布《し》き、佐和山城への総攻撃を命じた。

佐和山城攻撃は、関ヶ原で西軍から東軍に寝返った小早川秀秋と脇坂安治が、大手の鳥居本側から攻め上がり、田中吉政の部隊が北側の搦《からめ》手《て》（水ノ手）から攻め入った。城内は内応者も現れ、本丸にいた石田正継や正澄、宇多頼忠（三成の舅《しゅうと》）は自刃して果て、土田桃雲《どたとううん》は三成の妻を刺殺して天守に火をかけたという。城内の婦

佐和山城から彦根城を望む

女は、本丸東方の断崖に身を投げて死亡したと伝える。その地を「女郎ヶ谷《じょろうがだに》」と言う。

九月晦日《みそか》に東北の戦国大名伊達政宗のもとに届いた徳川家康からの報告(今井兼久の手紙の形)によれば、佐和山城はまだ本丸は落城していないとあった。しかし、この手紙を持った飛脚が摺針峠《すりはりとうげ》を通った時には、本丸が焼けているのを見たと記している。畿内から東北の政宗への手紙を持った飛脚が見た佐和山城は、九月十七日の落城時の姿だったのだろう。

佐和山城本丸

佐和山城の千貫池

佐和山城本丸東下の石垣

関ヶ原合戦後の治安政策

家康は合戦後の世上の混乱を防ぐため、九月十五日の合戦当日以降、美濃国・近江国や畿内に多くの禁制を出している。十六日付け近江国内に出された禁制だけでも五通が知られている。それらを列挙しよう。

①伊香郡内十二ヶ村（赤尾村・石道村・古橋村・西山村・布施村・小山村・田井村・高田村・高野《たかの》村・河合村・大音《おおと》村・馬毛《まけ》村）宛に与えた九月十六日付禁制。軍勢の乱暴・放火・田畠の刈取り・竹木の伐採を禁じている朱印状（長浜市長浜城歴史博物館蔵）。

②浅井郡内七ヶ村（津里《つのさと》村・延勝寺村・落合村・中野村・今西村・錦織村・唐国村）宛に与えた九月十六日付禁制は、①と同内容の朱印状（津里共有文書）。

③浅井郡内十九ヶ村（速水村・南速水村・高田村・みこむら・小倉村・大安寺村・八日市村・猫口村・河原村・五ノ坪村・内不村・田川村・青名村・今村・種路《しゅろ》村・市場村・尾上西は多・湯次《ゆすき》村・山の前村）宛に与えた九月十六日付禁制は、①と同内容の朱印状（南部文書）。

④坂田郡小野庄（磯村・物生山《むしやま》村・梅ケ原村・甲田村）宛に与えた九月十六日付禁制は、①と同内容の朱印状（中村不能斎採集文書）。

⑤日野町中宛に与えた九月十六日付禁制は、①と同内容の朱印状（日野尋常高等小学校所蔵文書）。

合戦後に家康軍が三成の所領がある近江国に侵攻するという情報や、主将の三成が近江国内に逃亡したという話がいち早く流れていた。これらの禁制は、それを心配し自村に戦乱が及ぶのを避けるため、村々が家康軍に接近して、軍資金等の提供を条件に得たものであろう。関ヶ原合戦後の近江国内の緊迫した状況が読み取れる。なお、近江国内には十九日付けで二通(堅田・近江八幡)、二十一日付で一通(比叡山)の家康禁制が追って出されている。

大津の陣営と三成捕縛

家康は十七日に佐和山城の落城を見ると、十八日には近江八幡に泊まって大津に向かうが、後の朝鮮人街道を通っている。中山道鳥居本宿から、中山道と分かれて、彦根・八幡と通過し、野洲郡行合(野洲市行畑《ゆきはた》)で中山道と合流する朝鮮人街道は、江戸時代に十回にわたって朝鮮通信使が往復する街道と使用された。その理由が、関ヶ原合戦に勝利した家康が、この街道を通って大坂に凱旋《がいせん》した吉例《きつれい》の道だからと説明される。

その後、十九日には草津に泊まり、二十日に

鳥居本宿、朝鮮人街道と中山道との分岐点(右が朝鮮人街道)

は大津の陣営に到着、二十五日まで滞在した。二十六日には大津を出て淀城に泊まり、二十七日に大坂に到着している。大津の陣営では六泊するが、大津城内に本陣を置いたと考えられる。この大津城は九月四日から関ヶ原合戦当日まで、京極高次が籠城し、攻め手の三成方の九州軍・毛利軍と戦っていた。長良《ながら》山方面から攻撃された城内は、砲弾により建物も多く崩壊していたと考えられる。

家康の侍医《じい》板坂卜斎《いたさかぼくさい》の記録によれば、城中の建物は敵の火矢の備えのため、屋根をまくってあったとある。さらに砲弾への備えでもあろう。当時の大砲の弾《たま》は炸裂《さくれつ》せず、当たって建物を破壊することを主目的としていた。屋根がなければ建物内部に着弾するのみで、建物の崩壊は免れることを狙った措置であろう。ただ、陣所としては屋根がないと使えないので、南門脇の長屋を陣所に使ったと記している。この長屋は屋

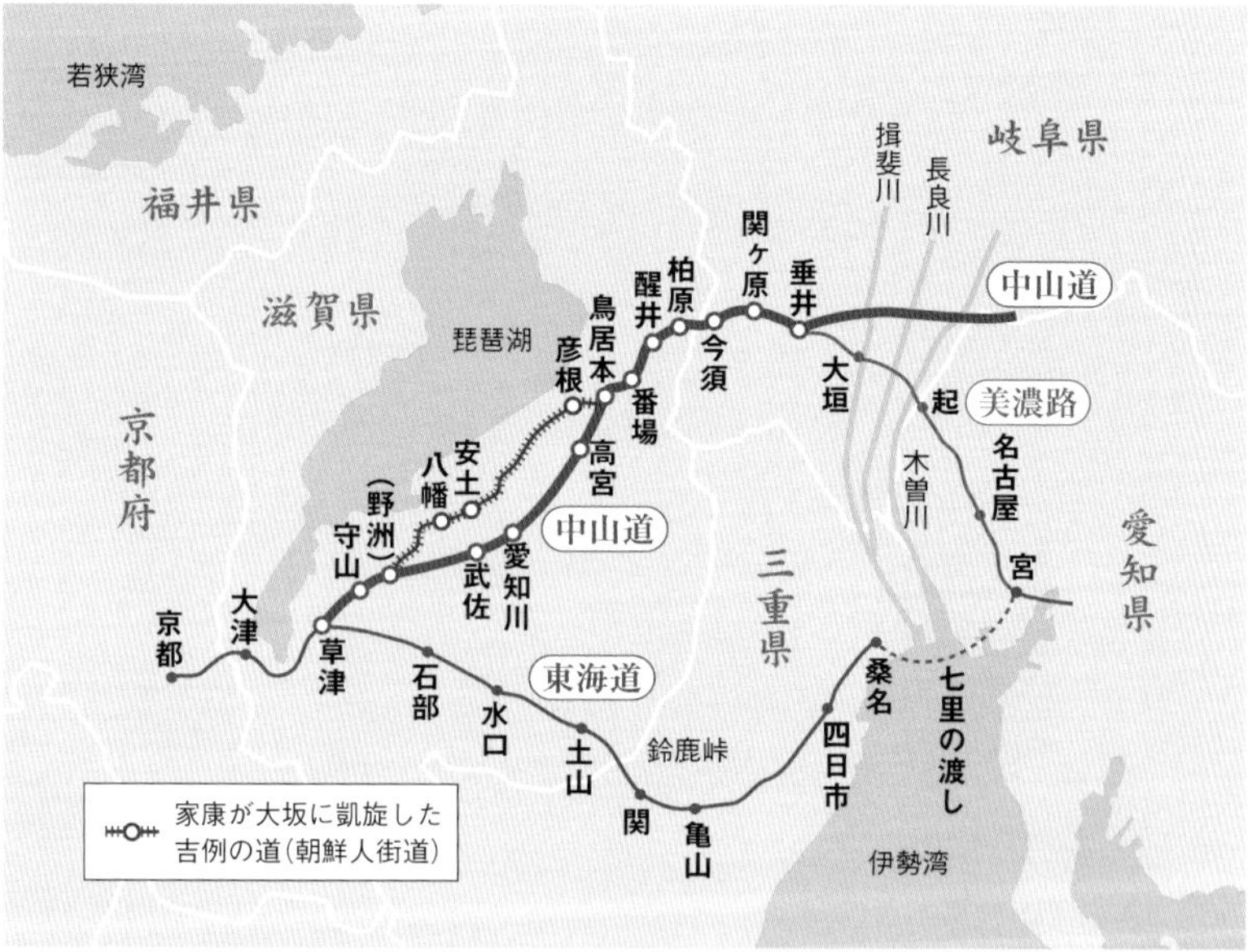

『朝鮮人街道をゆく』（サンライズ出版）より転載

根が残っていたのであろうか。二十日には、関ヶ原に遅参した徳川秀忠が、草津から大津に至り面会を請うたが、家康は怒って会わなかったと言われる。

三成の捕縛については、九月十九日の段階で、家康とその家臣村越《むらごし》直吉が、三成の他、宇喜多秀家・島津義弘を捕縛するよう命じた文書（早稲田大学図書館蔵文書）が残っている。その後、九月二十二日には、伊香郡古橋村（長浜市木之本町古橋）で三成が捕縛された報が、田中吉政か

合戦後に家康が滞在した大津城跡碑

三成がかくれたというオトチの洞穴（長浜市木之本町古橋）

ら届けられた。同日付で三成捕縛を賞した徳川家康の書状（譜牒餘録）も残っている。

それらによれば、家康に報が届いた前日の二十一日に古橋において、吉政の手の者によってすでに三成は捕縛されていた。実は、捕縛の報が届いた九月二十二日付けで、家康が越前方向に逃れた三成を捕縛するよう命じた文書も出ている（柳川古文書館所蔵文書）。これは、捕縛の報が届く前に書いたものだろう。一日のなかでも、刻々と新しい情報が大津に届けられていた状況が知られる。

二十一日に捕らえられた三成は、三日間にわたり井口《いのくち》村（長浜市高月町井口）で過ごし、田中吉政に連れられ二十四日は大津に向かい出立、二十五日には大津の家康陣営に到着、家康は暖かくこれを迎えたという。二十六日には家康と共に大坂に向かい、大坂・堺・京の町中を引き回された上、十月一日に小西行長・安国寺《あんこくじ》恵瓊《えけい》

東海道沿にある和田神社

東照大権現の神号を授けられた徳川家康画像（安土城考古博物館蔵）

和田神社の大イチョウ

と共に京都六条河原で処刑された。井口村から大津への道中に当たる大津市木下町（膳所《ぜぜ》の街中）の和田神社境内の大イチョウは、移送の途中、三成がつながれたという言い伝えが残っている。

家康は九月二十七日には大坂城に入り、合戦の勝者として秀頼に拝謁している。この七月からの一連の戦いで、家康は反対勢力を武力により一掃することに成功し、開幕への道を突き進んでいくのである。

■徳川家康略譜

天文11年(1542)12月26日	1歳	三河国岡崎城にて誕生する
天文16年(1547)	6歳	尾張国織田家へ人質となる
天文18年(1549)	8歳	駿河国今川氏によって領国を支配され、駿府へ移される
永禄3年(1560)	19歳	桶狭間合戦があり、今川氏から離れ三河国岡崎に帰る
永禄4年(1561)	20歳	織田信長と和睦する。清洲同盟の成立
永禄6年(1563)	22歳	三河一向一揆が勃発する
永禄12年(1569)	28歳	駿河国今川氏が滅亡し、遠江国が徳川領国となる
元亀元年(1570)	29歳	織田信長に従って4月25日に朝倉攻めのため**越前敦賀まで出陣する**。浅井の離反を聞いて信長は27日には朽木谷から京へ逃亡するが、家康は秀吉とともに退却したという。6月28日、**姉川合戦**に出陣する。9月、本拠を浜松へ
元亀3年(1572)12月22日	31歳	三方ヶ原合戦で武田信玄に敗退する
天正3年(1575)5月21日	34歳	長篠・設楽ヶ原合戦
天正7年(1579)	38歳	松平信康事件
天正10年(1582)6月2日	41歳	本能寺の変、**神君伊賀越え**
天正12年(1584)	43歳	小牧・長久手合戦
天正14年(1586)	45歳	秀吉妹の旭姫と結婚。大坂城へ赴き秀吉に面会し臣従を誓う。12月、本拠を駿府へ
天正18年(1590)	49歳	7月、小田原北条氏が滅亡し、関東への移封を命じられる。江戸を本拠とする
文禄元年(1592)	51歳	肥前名護屋城へ赴く
文禄3年(1594)	53歳	伏見城の普請を務める
文禄4年(1595)	54歳	秀次事件が起こり、秀頼への忠誠を誓う。嫡男秀忠と江(浅井長政三女)の婚姻が成立
慶長3年(1598)	57歳	豊臣秀吉が死去する
慶長5年(1600)9月15日	59歳	**関ヶ原合戦**
慶長16年(1611)	70歳	豊臣秀頼と二条城で会見する
慶長19年(1614)	73歳	大坂冬の陣
慶長20年(1615)	74歳	大坂夏の陣
元和2年(1616)4月17日	75歳	駿河国駿府城で死去する

終章

家康に立ち向かった近江人脈

佐和山城の女郎ヶ谷木標(現存しない)

長浜市石田町の三成像

大坂の陣と近江人脈

家康の天下取りに当たって、絶えずそこに立ちはだかるのは、近江出身の人物であった。関ヶ原合戦は家康の天下取りの第一ステップとなったが、敵対したのは近江出身の秀吉家臣・石田三成であった。さらに、徳川将軍家の全国統治を確実なものした大坂の陣。これは第二ステップだが、家康の前に立ちはだかった敵対者は、近江出身で浅井三姉妹の長女・淀であった。慶長十九年（一六一四）の方広寺鐘銘事件の直後にあった、大坂城の攻防戦・大坂冬の陣。その講和交渉は十二月十八日に、近江守護の流れを汲む京極高次の嫡子で若狭国小浜藩主の京極忠高の陣で行なわれた。忠高の父・高次は大溝城を皮切りに、近江八幡城、大津城と近江国内の城主を務めた。

この講和において、徳川からの使者は、家康

浅井長政とその家族(長浜市浅井歴史民俗資料館)

の臣・本多正純と家康の愛妾阿茶《あちゃ》の局であった。そして、豊臣方の使者は常高院がつとめた。常高院は夫の京極高次が慶長十四年(一六〇九)に死去したため、剃髪・出家して尼になっていたが、浅井三姉妹の次女・初その人であった。初の姉は大阪城内にいる淀で、その子である秀頼は甥にあたる。一方、初の妹・江は、徳川秀忠の正室となっていた。江は徳川三代将軍家光を生んだ人物である。攻守両方に兄弟・縁者を持つ初が使者に選ばれたのは当然と言えよう。ただし、陣所の主・忠高は初の子ではなく、側室の子であるが、初にしてみれば婚家の陣での交渉は、安心して臨めたと推定される。

三成と淀殿を越えて

交渉の結果、大坂城は本丸を残して他は破壊して平地にするということになり、十二月二十一日、和議の誓紙が交わされ冬の陣は終わった。この交渉は、まさしく近江人脈によって成立したと言ってよい。浅井三姉妹を中心とする近江人脈の政界での影響力の大きさに驚かされる。さらに、この冬の陣で威力を発揮した国友鉄砲の活躍にも、近江が生んだ技術力の高さを感じざるを得ない。残念ながら、初が尽力した和議は翌年には破綻。夏の陣で豊臣家は滅びる。家康にしてみれば、三成と淀殿、二人の近江人脈を滅亡させての天下取りであった。なお、常高院は和議後も大坂城に籠るが、夏の陣の落城時には、城内の女性を引き連れ城を脱出する様子が、『おきく物語』に見える。

秀頼・淀ら自刃の碑（大阪城山里丸）

時代は進み、やがて浅井長政の孫にあたる家光が将軍となり、同じく孫にあたる和子《まさこ》は、後水尾天皇の中宮（室）となり明正《めいしょう》天皇を生んだ。いずれも江の子である。このように、徳川家康の天下取りには、近江人脈との葛藤と協調があって、初めて実現したと見るべきだろう。ここでは、家康と互角に戦う近江人脈の優秀性を指摘したいところだ。ただ、それにも増して重要なのは、近江が京・大坂を含む畿内の東の玄関という位置にあったことである。この地理的要因がなければ、近江人脈の成長もないし、日本の東西交通の要として守りを固める必要もなかっただろう。交通や流通の拠点である近江国を制しない限り、家康は天下を取ることが出来なかったのである。

■主な参考文献
柴裕之『徳川家康　境界の領主から天下人へ』（平凡社　2017）
平野明夫「神君伊賀越えの真相」　渡邊大門編『戦国史の俗説を覆す』（柏書房　2016）所収
藤田達生「神君伊賀越え」　同『証言　本能寺の変　史料で読む戦国史』（八木書店　2010）所収
野洲市教育委員会『―「徳川将軍家」ここにあり― 永原御殿』（2020）
太田浩司編著『石田三成　関ヶ原西軍人脈が形成した政治構造』（宮帯出版　2022）

■著者略歴

太田浩司（おおた・ひろし）

1961年10月東京都世田谷区生まれ。1986年３月、明治大学大学院文学研究科（史学専攻）博士前期（修士）課程修了。専攻は、日本中世史・近世史。特に、国宝「菅浦文書」や、戦国大名浅井氏に関する研究を行なう。同年４月から市立長浜城歴史博物館に学芸員、2014年４月から、長浜市長浜城歴史博物館 館長を３年間勤める。市民協働部次長を経て、2018年４月から学芸専門監。2022年３月退職。現在は淡海歴史文化研究所 所長。
著書に『近江が生んだ知将　石田三成』『浅井長政と姉川合戦』『近世への扉を開いた羽柴秀吉』『北近江地名考』（いずれもサンライズ出版）などがある。2011年ＮＨＫ大河ドラマ「江～姫たちの戦国～」では、時代考証スタッフをつとめた。

[写真協力]
辻村耕司、長浜市長浜城歴史博物館、福井県立歴史博物館、関ケ原町歴史民俗学習館、安土城考古博物館、岡崎市、新城市、島津弘美
（本書掲載の写真は、撮影、所蔵者の記載がない分については著者提供）

１時間でわかる家康と近江

2023年３月１日　初版第1刷発行

著者　太田浩司

制作　オプティムグラフィックス

発行所　サンライズ出版株式会社
〒522-0004　滋賀県彦根市鳥居本町655-1
TEL 0749-22-0627　FAX 0749-23-7720

印刷　サンライズ出版

ISBN978-4-88325-787-4 C0021